7日間で突然、英語ペラペラになる本

図解

大手予備校カリスマ講師
安武内ひろし
Hiroshi Abunai

プレジデント社

はじめに

　きっと皆さんも小学生のころに夢想したでしょう―世界中の人々みんなと自由に言葉が話せて、知り合いになれたらどんなに素晴らしいことだろう―と。

　現代では、英語が事実上の国際語ですから、英語圏の国々だけでなく、ヨーロッパはもちろんのこと、中東でもアフリカでも南米でもアジアでも、いろいろな人が意思を疎通しようとするときには英語で、というのが当然になっています。あなたが小学生の時に空想した楽しい夢が現実になってきたのです。―もし英語が話せれば、ですが。

　日本人は英語が苦手だ、下手だ、喋れないとよく言われます。残念ながら事実です。悲しい現実です。でもなぜ？　他の数々の点で日本人は極めて優秀なのに、英語を喋らせると、なぜ喋れない？

　答えは簡単です。中学・高校（そして大学）で「英語の喋り方」なんて教わったことがないからです。教わったことがない技術は、生まれつきの天才でもない限りは、習得などできません。

　私たちが受けた学校教育では、英語の書き言葉を日本語の書き言葉に変換することを「英語」の時間に専らやらされてきました。英文和訳とか英文解釈とか呼ばれる

作業です。英文を日本文に直すのが英語なのか？　という当然の疑問をほとんどの人が感じないままに。同様に、日本文を英文に変換する「英作文」もやらされました。結局、日本語と英語の間を行ったり来たりすることが「英語」だと信じ込まされてやらされてきたわけです。

　進んだ西洋の科学や思想を日本の文明開化のために取り込むという福沢諭吉や夏目漱石の時代であれば、この方法は正しかったと思いますが、120年後の今はジェット機も飛び、インターネットも発達し、話し言葉による情報伝達・交流が当たり前の世の中です。そこでのキーワーズは「話し言葉、つまり音」、「瞬時」、「一回こっきり」です。瞬間的な一回の音声に対して、時を置かずに音声で返す、というのが英会話の特徴ですから。

　それにうまく対応するには、今までの英語学習法では到底やっていけません。私たちは「音声」に対して鈍感すぎました。「すぐその場で」に対しても深く考えていませんでした。「一回しか音が与えられない」に対しても軽視していました。

　この難問にどのように対処すればよいのでしょうか？その答えが、本書の中に詰まっています。

Contents

第1章
勉強すればするほど話せなくなる謎

序論 日本人が喋れないのは9割が気持ちの問題 ……… 012

実は英語教師より英語がうまい●●の先生 ……… 012

間違えるのが嫌なら
「無口になる」のがいちばん ……… 014

英会話の神は細部にはいない ……… 015

「私は…」を「I am…」と言ってはいけない ……… 020

あなたは日本人の前でOuch!と言えるか ……… 024

第2章
最速でペラペラになる「7日間の訓練」

1日目 英語は「自分で」話さない ... 028

軽薄で図々しい役割 ... 028
「お前の彼女、美人だな」
と言われたら何と返すか ... 031
「間違いでした」の態度は間違いである ... 032

2日目 アラブ人のマネをする ... 034

今までの3倍伝わる「3メートル英会話」 ... 034
子音は「口内圧力」を高めてつばを飛ばす ... 037
ムハンマド君は私を「ヒルルロゥシ」と呼んだ ... 039
日本人は「ここでウン〇していいですか」
と言ってしまう ... 047
英語には5種類の「ア」がある ... 051
コーヒーを注文してコーラが出てくる理由 ... 056

3日目 雑音に耳をそばだてる ……060

「発音記号」の深い闇 ……060
あなたの耳にある「見えない耳栓」……062
音は「口で聞く」……066
Check it out.が「チェケラウ」になるメカニズム ……069
【ルール① 子母密着】
an appleは「アナポー」……072
【ルール② ラ変】
waterは「ワーラー」……075
【ルール③ ナ変】
centerは「セナー」……079
【ルール④ オ変】
tunnelは「タノー」……081
【ルール⑤ 呑み込み】
hand bagは「ハンッバッグ」……085

4日目 まずはCouldと言ってみる ……088

外国人との会話を簡単に
切り抜けるたった2つの戦略 ……088
【①依頼する】
Could you〜が無難で確実 ……090

【②許可を求める】
依頼と同じ「Could」が覚えやすい ……… 092

【③意向を尋ねる】
「○○するのはいかがですか？」を
"Do you want to～"と言ってはダメ ……… 095

【④意思表示する】
「○○したい」は"I like to"だけで
丁寧な言い方になる仕組み ……… 096

【⑤助言する】
好意的助言にはshouldが万能 ……… 099

【道案内】
pleaseは使わなくていい ……… 102

【数字】
渋谷109はone-zero-nineとは読まない ……… 110

【接客】
物を渡すときは"Here you are"と言う ……… 112

5日目 語順のまま聞き・理解する ……… 117

英語を制する「最強の語順」を体得する ……… 117
「これはペンです」が孕む大問題 ……… 123
日本語に翻訳するのはやめなさい ……… 127
「英語専用回路」が完成する瞬間 ……… 130
英語のままに理解する「映像想起法」 ……… 132
英米人が首を傾げる日本人の「be動詞」好き ……… 139

6日目 カタカナ語はまず疑う……144

爆撃機は「ボンバー」ではなく「バマー」……144
カタカナ英語で間違える7パターン……146
"toilet"は実は「トイレ」じゃありません……150

7日目 顔で話す……153

「ガンを飛ばしながら話す」のがマナー……153
あなたの「ふつう顔」は
女子大生を不安にさせる……157
「輝く白い歯」と「爽やかな息」がモノを言う……159
話し上手より聞き上手
「相づち1／10」の法則……162

第3章

学校では絶対教えてくれない！勉強しない英語勉強法

設定する スマホ言語設定変更でSiriと英会話レッスン ……168

今どきのスマホは「完璧なアメリカ英語」を理解する ……168
「豆腐はお好き？」人工知能を質問攻め ……170
発音レベルを判定できる3つの単語 ……171

歌う 1時間400円の「ひとりカラオケ」に行こう ……173

ヒット曲を歌って恐るべき効果をあげる ……173

楽しむ 海外ドラマ動画配信で「レベル別字幕／音声」を活用 ……176

最も効果的な「レベル別字幕／音声」活用法……**176**

月額1000円見放題
「動画配信サービス」を使い倒せ……**178**

笑う 大都市のフィリピンパブは コスパ最高の 英会話学校……**180**

フィリピン人はどうして英語がうまいのか……**180**

安全・健全「フィリピンパブの流儀」……**182**

歌が上手な「台湾人のチャンさん」になりきる……**183**

寝る 眠りかけの「1.5時間」が 学習のプライムタイム……**188**

ゴリラの声を聞き続けても
「ゴリラ語」はわからない……**188**

英語ラジオ放送を聴きながら眠りにつく……**192**

スマホで聴けるネットラジオ
「TuneIn」もおすすめ……**196**

COLUMN 1コマ5分、
安武内ひろし謹製の無料レッスン……**198**

文字づかいについて：本書では、日本語として使われている英語由来の語について、本来の発音に近いカナ表記を採用しています。（例）ホーム→ホウム、モード→モウド、コミュニケート→コミュニケイト、等。

第 1 章

勉強すれば するほど 話せなくなる謎

序論 日本人が喋れないのは9割が気持ちの問題

 実は英語教師より英語がうまい●●の先生

なぜ頭のいい人ほど英語が話せないのか？ という深遠な問題について、真面目に考えてみましたら、意外に早く、簡単な答えに行き着くことができました。

その答えとは―――

> 頭のいい人は分析力にすぐれているので、自分の行為をすべて分析してしまう。英語を話そうとするときも、頭にフレイズが浮かぶものの「文法はこれで正しいか」「語彙の選択は妥当か」「発音は間違っていないか」など、厳しすぎる自己分析で"がんじがらめ"になってしまい、結果として英語が口から出てこない。

―――というものです。

頭のいい人はいろいろなことを知っているので、どうしてもチェック項目も多くなります。**英語について知っている人ほど英語が喋れない**という事実は、実際に私の周囲でも見られます。

たとえば、日本の高校の職員室で見られる光景です。

今どきはどの高校にも外国人講師がいます。地方自治体が文部科学省などと実施している「JETプログラム」（The Japan Exchange and Teaching Programme＝語学指導等を行う外国青年招致事業）というのがあり、英米圏の大卒者が「英語指導助手」（ALT=Assistants Language Teachers）という肩書で、各都道府県の中学・高校に送りこまれているのです。

　ところがたいていの場合、彼らは日本でかなり孤独な時間を過ごしているようです。私の知り合いのあるアメリカ人女性講師は「誰も私に話しかけてくれないので、職員室では一年間ずっと椅子に座ったまま無言で過ごしました」と言っていました。かわいそうに、彼女はたったの一年で母国に帰っていきました。
　さすがに一年間、誰からも話しかけてもらえないというのは稀有な例かもしれませんが、他の外国人講師たちに聞いてみても、状況はだいたいどこも似たり寄ったりのようです。

　ただ、そんな彼らが異口同音に言っていることがあります。それは**「職員室でいちばん話しかけてくれるのは体育の先生だ」**ということです。まさかどの学校でも体育の先生がいちばん英語力がある、というわけではないでしょう。おそらくは「英語力がなくても怖気づかずコ

ミュニケイションを取ろうとする」「頭で考えるよりもまず体が動く」タイプが多いからではないでしょうか。だって体育の先生ですから。

　逆に「**いちばん話しかけてこないのは英語の先生**」なのだそうです。優れた英語力を示す先生も少しはいるのでしょうが、**大部分の英語教師は外国人講師を避ける傾向が強い**──というのが、外国人講師たちの共通意見です。

間違えるのが嫌なら「無口になる」のがいちばん

　なぜ、英語教師は外国人講師を避けるのか？　教室で、職員室で、そして世間で───英語教師は職業上、周囲から「英語の権威」という目で見られ、それに見合った振る舞いが期待されています。そうした状況にあって英語教師が、外国人講師を相手にたどたどしく喋っていたらどうなるでしょう。英語力のなさが白日の下に晒され、他教科の先生方から「なんだ、あいつ英語全然駄目じゃねーか」と嘲笑されてしまいます。それはあまりに恥ずかしすぎる、そんな事態だけは何としても避けたい───おそらくはこれが理由です。

　では、なぜ英語教師は英語を話すとき、たどたどしく

苦しげに言葉に詰まるのでしょうか？　逆説的ですが、**それは「英語の先生が英語について知りすぎているから」**とも言えます。

　何かひとこと言うたびに「あっ、発音を間違った」「やばっ、動詞の時制が違ってた」「うわっ、複数形なのにsを落とした」「あちゃー、女性なのにheって言っちゃったよ」などと、あれこれ自己チェックしてしまうのです。

　そもそも、日本における英語の試験は「減点法」で採点されます。英語教師はこれまで数々の試験で好成績を挙げてきたでしょうから、本能的にミスを回避することに注意が向いてしまいます。本能的に間違うことに恐怖を感じてしまうのですね。

　間違えないための最善の策は、何も言わないことです。結果、外国人講師のいる職員室で無口になってしまうのです。そして、この**「英語について知りすぎているからしゃべれない」というメンタリティーは、一般の日本人（つまりあなた）にもあてはまる**ことなのです。

 ## 英会話の神は細部にはいない

　英語を喋ろうとするときに間違いを恐れる心理と似た傾向に**「細部にこだわる」**というのがあります。たとえ

図1 英語について知っている人ほど英語が喋れない理由（職員室の例）

ば「表面的にはこの問題は、解決が困難のように見えますが……」という内容を英語で言おうとすると、まず「表面的には」から和文英訳を始めてしまうのです。

そして、On the surface, と（正しく）言った後で「あれ？ the surface の前につく前置詞はonじゃなくてinだったかな？」「そもそもsurfaceにtheは必要なんだっけ？」などと、あれこれ吟味を始めてしまうのです。
　しかし、**これではいつまで経っても英語が前に進みません。**聞いている相手はあなたがOn the surface, と言った途端に黙り込んでしまったので、どうしちゃったのかと不審な面持ちです。

実は、この内容を伝えるには、枝葉末節のon the surfaceなどの表現は、特に必要ありません。

This problem seems difficult (to solve at first), but ...

と言えば十分なのです。細部にこだわって磨きをかけるという日本人の職人気質によって、日本の産業は世界に太刀打ちできるようになったのかもしれません。しかし、**英語を喋ろうとするときには、細部に磨きをかけようとしてはいけません。**そんな時間のゆとりは、実際の

会話の場面ではないのですから。

　日本人の完璧主義は、英会話において「まず完璧な日本語を頭の中で作り、それを英文に直してから話そう」という方向に行きがちです。でも、それではいけません。原理的にも間違っています。

　あなたがネイティヴ（英語を母国語とする英米人）と英語で会話しているとき、相手は英訳などしていません。当然ながら、英語で聞き、英語で考え、英語で話しているだけです。それなのに、**あなただけが日本語と英語の間を行き来して、和文英訳・英文和訳を頭の中でやっていたら会話に乗り遅れてしまいますし**、脳から湯気が噴き出て壊れてしまうでしょう。

　今のあなたはまだ英会話の初級者かもしれませんが、いずれは上級者になってネイティヴと遜色なくコミュニケイトできるようになりたいでしょう。

　それには、日本語を忘れ、日本語の世界から離れて、英語で考え、英語で感じ、英語で表現する———**つまりネイティヴの英米人と同じプロセスで会話ができるようになる**必要があります。外国語習得では、ネイティヴの言語処理プロセスをマネする以上の上達法は絶対に存在しないのですから。

　それこそがあなたの最終的な目標であり、これから向

図2 英語で会話をするときは英語で考えられるようになろう！

かうべきところです。

「私は…」を「I am…」と言ってはいけない

　頭の中で日本語を英語に訳してから言葉をつむごうとするやり方の弊害は、会話に乗り遅れるだけではありません。**最大の欠点は、ほとんど意味をなさない不自然な英語になってしまうこと**です。

　たとえば、あなたが友人とホテルに泊まり、朝食のためにレストランに行ったシチュエイションを想像してみてください。ウェイターがやってきて、あなたにこう尋ねます。

How would you like your eggs?
「たまごはどのように調理しましょう？」

　オムレツか、目玉焼きか、スクランブルエッグか。あなたは「私はスクランブルエッグで」と伝えたい。このとき、頭の中に日本語の「私は…」を浮かべてから英語に訳そうとすると、反射的に「I am …」が出てきます。そうして咄嗟の和文英訳を経て、

I am scrambled eggs.
「私はスクランブルエッグです」

　と答えてしまったりするのです。おわかりと思いますが、これではあなた自身が「私はスクランブルエッグという者です」と自己紹介していることになります。レストランのあちこちから失笑の声が聞こえてきそうです。

　こうなってしまうのには２つの原因があります。１つは**「文を喋らなければならない」という強迫観念**です。この場合は単に「Scrambled eggs, please.」とだけ言っていたなら、完璧な英会話でした。
　もう１つは**「ＡはＢです」の日本文を、すべて「A is B」に変換してしまう間違い**です。

「私はカツカレーです」
「あの人は住友商事です」
「家内は名古屋です」

　これらはbe動詞でつないでも正しい英語にはなりません。**「私は〇〇」「あなたは〇〇」という表現は、英語では「I am …」「You are …」に置き換えられるものばかりではありません。**このように英語で何かを言いたいときに、まず日本語を浮かべてから英語に変換するやり方（和

文直訳法）では、すぐに限界にぶち当たってしまいます。

　逆に、文法にこだわりすぎて失敗してしまう例もあります。几帳面で真面目な人ほど陥りやすい罠です。でも、実のところ**ネイティヴは、（書き言葉と違って）話し言葉においては文法の間違いなど気にしません。**だから、あなたの英語が文法的に間違っていても大した問題ではないのです。
　では、**ネイティヴが会話のときに気にすることとは何でしょうか？　それは「意味」です。あなたの英語が伝えようとしている「内容」です。**意味が通って伝われば、全然OKなのです。「何を言っているのかわからない」というのが、コミュニケイションでいちばん困ることです。

　ところが、日本の英語教育で痛めつけられてきたあなたは「どんな場合でも間違いは良くないものだ」と思い込まされています。ほとんど本能的に「間違うくらいなら黙っていよう」と思ってしまいます。
　ですが、そうした考え方こそ間違いです。**英会話で最も重要なのはあなたの言いたいことが伝わるかどうか。**次に重要なのは「応答のリズム」です。相手が問いかけてから１分の沈黙の後で、やっとあなたが返答するのでは会話になりませんから。いずれにせよ、文法の些細なミスなど取るに足りないことです。

図3 「私は…」がなんでも "I am …" で言えると思ったら大間違い

あなたは日本人の前でOuch!と言えるか

　青春期には誰もが自意識過剰で、自分が他人からどのように見えているかについて、あれこれ思い悩んだりします。そういうのは年を重ねるにしたがって収まってくるものですが、英会話ではいい年をした大人でも、まるで青春真っ只中の若者のように自意識過剰になったりします。

　特に頭のいい人ほど、自分の英語を誰かに聞かれて「普段はあんなに頭がキレる人なのに、英語を喋らせたらひどいよね」と評価を下げてしまうことを恐れます。そして、英語を喋る自分の不格好な姿に自己防衛的になってしまうのです。

　ところが、そうした**自意識過剰や自己防衛の気持ちこそが、英会話の上達を妨げる最大の要因です。**周りの人から下される暗黙の評価に過敏になってしまったあなたは、英語を喋ることに対して臆病になります。せっかく実践練習のチャンスがあっても「自分は下手だから」と尻込みしてしまう。尻込みして実践練習をしないから、いつまで経ってもうまくならない。うまくならないから、実践練習に尻込みしてしまう———という「負のスパイラル」に陥ってしまうのです。

「他人の目を気にする」文化は、日本人の心の底にたいそう深く根付いているようで、自分の心から「周りの目」を追い出すのはなかなか大変です。国内にあるマンツーマン指導の英会話スクールや、国外の（あなた以外日本人がいない）英会話スクールの良さはまさにその点。**周りに日本人がいないから、恥をかかなくて済む**というところです。

　かくいう私もアメリカ滞在中（丸６年居ました）に、同様の経験をしたことがありました。あるとき、私は歯医者にかかっていたのですが、日本から遊びにやって来た友人が「アメリカの歯科治療の様子も見てみたい」というので、一緒に連れていったのです。
　先生に事情を話して友人と診察室に入り、私は診察台に載せられて歯を削られていました。ものすごい痛みが走り思わず"Ouch!"（痛いっ）と言いそうになって、ハッと気付きました。
　「そうだ、日本の友だちがすぐそこにいるんだっけ。"Ouch!"なんて叫ぶと『こいつアメリカかぶれしやがって』とか思われちゃうかなあ、恥ずかしいなあ」などと考えが巡り、涙を流しながら無言で通したことがあります。
　日本人が周囲の思惑から自由になるのは難しいことですね。

第2章

最速でペラペラになる「7日間の訓練」

1日目 英語は「自分で」話さない

軽薄で図々しい役割

　まずは、英語を話すときの「心構え」について。

　人前で英語を喋るという行為に慣れるまでは**「自分ではない"別人格"が勝手に英語を喋っているんだ」と考えるようにしてください。**

　本来の「謙虚で、協調的で、思慮深く、周囲に配慮する自分」はそこにはおらず、あなたとはまったく別の「軽薄で、お調子者で、無責任な人格」が英語を喋っているんだということにするのです。

　一言で言えば「演技」をするのです。**役者がセリフを覚えて役を演じるのと同じように、あなたも英語で喋るときには別人格を演じてください。**英語を話すとき、あなたはもはや今までのあなたではありません。

　演技では、寡黙な人が雄弁な政治家を演じることも、温厚な人が残忍冷血な殺人鬼を演じることもできます。あなたが演じる"英語人格"は、以下のような特徴がなければなりません。

> 積極的、間違いにびくともしない、図々しい、押しが強い、お喋り、軽はずみ、声がデカい、自信過剰、自己肯定的、過失は相手に押し付ける、冗談好き、大げさ、単純……etc.

これって、典型的なアメリカ人みたいじゃないですか？

外国語を習得するというのは、その言語が話されている文化・国民性・ものの考え方・感受性etc.を丸ごと吸収するということにほかなりません。ですから、**英語を喋るときにはアメリカ人になりきってしまう**のがいいと思います。

日本には「旅の恥はかき捨て」という、実に良いことわざがあります。**あなたが英会話教室やTOEIC対策講座やビジネス英語の授業を受けているときは、まさに「旅」の最中です。積極的に発言してどんどん恥をかきましょう。**心の中で顔を真っ赤にしたって、構うことはありません。教室から一歩出た瞬間に、普段の控えめで謙虚なあなたに戻ればよいのです。ぜひとも、二重人格者になってください。

図4 英語を喋るときはアメリカ人になってしまおう！

「お前の彼女、美人だな」と言われたら何と返すか

　私はアメリカに6年住んでいたので、ふつうの日本人よりはアメリカ人のことを知っていると思います。

　一般的な印象ですが、日本人は自信に乏しく過緊張のあまり実力を発揮できない場合が多いのに対して、アメリカ人はいつでも自信に満ちていて土壇場で実力以上のものを発揮できる場合が多いように見えます。

　あれは、日ごろのメンタルトレイニングの賜物ではないでしょうか。アメリカ社会が個人のそういう態度を後押ししていると言ってもいいでしょう。

　つまり、**日本社会では謙虚が美徳であり、アメリカでは過剰なまでの自己肯定が好まれる、I can do it. We can do it. の世界**です。もちろんアメリカにも自信のない弱い人はたくさんいますが、アメリカの文化で表に出てくるのは自信と余裕にあふれた人たちです。

　たとえば、あなたは職場の同僚に、初めて付き合っている彼女を紹介します。アメリカではプライベートなパーティなどが頻繁に催されますから、ありがちなシチュエイションです。彼女がトイレに行って居なくなったとき、同僚があなたにそっと耳打ちしてきます。

"Is she your girlfriend? She's stunning!"
「あの子がお前の彼女？　超、美人じゃん！」

　日本人なら照れ隠しに「いやぁ、そんなことないよ」とか「そうかなあ」とかトボけるところですが、アメリカ人ならこう言います。

"Yeah, I know."
「そうなんだよ」

　日本でこんな返事をしたら「なにノボせてるんだ」「バカじゃねーの」とひんしゅくを買いそうですが、相手がアメリカ人ならあなたも努めてこう言わないといけません。**アメリカ人と英語で会話するときには、アメリカ文化の枠内で受け入れられやすい態度や話し方をする必要がある**からです。

「間違いでした」の態度は間違いである

　コミュニケイションとは、言葉を発するだけではありません。喋り方・声の調子はもちろん、視線・表情・身振り・手振り・体の動き・たたずまい・相手からの距離などもすべてコミュニケイションの要素です。

英語文化で受け入れられる話し方とは「自信に満ちた、堂々とした態度・話し方」です。日本人が好む「謙遜・自己卑下・協調」は、特にアメリカ文化の文脈では「自信の無さ・無能力・優柔不断・積極性の欠如・無知」と判定されてしまいます。決して高くは評価されません。

　日本人であるあなたが英語で話せば、間違いは無数に犯すでしょう。それは別にいいのです。ここで大切なのは、**英語で話すときには「自信たっぷりに・大声で・堂々と・間違ったことを言う」という態度です。その態度こそが、英語では正しいのです。**
　決して、消え入るような声でボソボソと、自信なさそうに真実を語ってはいけません。いつでも大声ではっきりと。特に、確信の持てないことほど大声で言う。これが大切です。たとえそれが、明らかに間違っていることであっても。

2日目 アラブ人のマネをする

今までの3倍伝わる「3メートル英会話」

　英語を発声するときには「大声ではっきりと」が大切と述べましたが、そうは言われても自分の英語に不安を抱えている人には難しいかもしれません。英語を（自信たっぷりに）大声で喋るには、どうしたらいいでしょうか？

　その**極意はずばり「アラブ人をマネる」こと**です。アラブ人は英語のネイティヴではありません。しかし、太古の昔から交易の民として生きてきた血のなせるわざか、彼らが英語を話すときの態度やテクニックには見習うべきところがたくさんあります。**その1つが「大きな声ではっきりと」喋る**ところです。

　それではアラブ人をマネるときのコツをお教えしましょう。いくつかあるのですが、まず**会話をするときには相手から3メートル離れて立ってください。こうすることであなたの声は自然と大きくなります。**

　1メートルだと日本語と同じように喋っても相手に聞こえます。50センチメートルだとささやき声でも聞こえます。相手に聞こえるのがわかっていると、英語に自信

のないあなたはどうしてもボソボソと小声になってしまいます。

　ところが**３メートル離れると、大きな声を出さざるを得ません。**普段、小声の人はほとんど「怒鳴り声」になるかもしれません。これだけで、あなたは「**自分に自信がある人**」という好印象を相手に与えることに成功します。

　さらに、もっと重要なことがあります。人間は、大きな声でボソボソ喋ることはできませんから、自然と口を大きく開けて動かすのではっきりとした発音になります。**日本人が小声で喋る英語は意味が通じるか通じないかの問題以前に、相手に聞こえるか聞こえないかの問題**なのです。

　なぜ、日本人が小声で喋る英語は通じないのか？　それには、日本語と英語の言語的なメカニズムが関係しています。日本語は柔らかい語り口の、小声に向いている言語です。母音が優勢で、子音は（母音の前に位置しますが）鋭く強く発音しません。

　一方、**英語は子音が優勢な言語です。子音の連続も頻繁で、語尾の子音もふつうです。子音は、意識してはっきり発音しないと（特に子音単独では）、相手に聞き取ってもらえません。**ですから英語は、大声で・鋭く・はっきり発音する必要があるのです。

図5 3メートル離れて立つと3倍伝わりやすくなる！

> Excuse me?
> （え、聞こえないんだけど）

ボソボソ ボソボソ

←1メートル→

✗ **1メートル以内だと日本人の喋る英語は外国人にはボソボソと聞こえてしまう。**

> Can you hear me?
> （聞こえるかい）

> No problem!

←3メートル→

◎ **3メートル離れるとはっきり大きな声で喋らざるを得ないのでよく通じる。「自信たっぷり」に見えるメリットも！**

子音は「口内圧力」を高めてつばを飛ばす

　では、どのくらいの大声で発音したらいいでしょう？アラブ人同士が会話をしている場面を見ると「そこまでしなくても聞こえるだろう」というくらい大声で怒鳴り合っています。つばが飛びまくって「口角泡を飛ばす」という表現がぴったりです。私たち日本人も英語を喋るときは、これくらいやらなければいけません。

　やってみるとわかりますが、3メートル先の相手に「つばが飛ぶ」くらいで喋るには、相当な空気圧が要ります。「ペッ」とつばを飛ばすだけでも大変なのに、言葉を発しながらこれをやるというのは至難のわざです。普段、上品に話すのに慣れている純正日本人のあなたなら、途方に暮れてしまうかもしれません。**コツは「子音は鋭く、母音は長く」発する**ことですが、なかなかすぐにはできないかもしれません。

　そこで、毎日欠かさず、口まわりの筋肉を増強するための「筋トレ」をしてみてください。以下の方法を毎日2分間実行することで、あなたの口の筋肉はみるみる強化されていきます。

　英米人のおじいさん、おばあさんの顔を見ると、明ら

図6 毎日やろう！口まわりの筋肉トレイニング

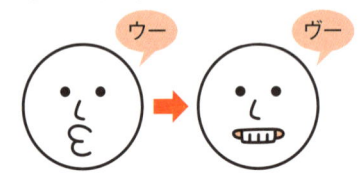

① ウヴ（w−v）運動

ウー → ヴー

口を最大限、前にとがらせて /w/（ウ）、これを伸ばして発音。次に口を戻しながら、上の前歯で下唇の内側を軽く押さえて /v/（ヴ）。これを何度も繰り返す。

② スフ（th−f）運動

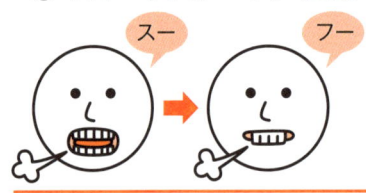

スー → フー

舌先を上下の歯で軽く噛んで /th/（ス）、すぐに口を戻しながら、上の前歯で下唇の内側を軽く押さえて /f/（フ）。これを何度も繰り返す。

③ スシ（s−sh）運動

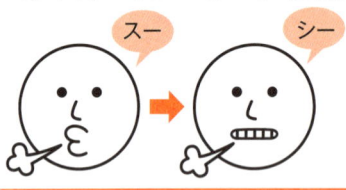

スー → シー

日本語の「寿司」の発音の、母音部分だけを取り除いて（無声音、つまり風の音になる）「スシ」と何度も言う。

④ イー運動

イ―――――

日本語の「イー」の音、しかし最大限、口角を左右に引っ張るようにして息が続く限り「イー」と発音する。

かに日本人よりも口のまわりに深い皺が刻まれているのに気が付くと思います。ワニの皮のようになっている人もいます。人種的な違いかもしれませんが、英語では口の筋肉を強く使わないと正しく発声できない音が多いので、それが原因ではないかと私はひそかに疑っています。

ムハンマド君は私を「ヒルルロゥシ」と呼んだ

　日本人が英語を話すときに（あるいは外国人が日本人の英語を聞こうとするときに）やっかいなのは、子音の発音です。

　たとえば、日本人のリスニング・スピーキングの最大の弱点に「 r と l の聞き分け・言い分けができない」ことが挙げられます。日本人の耳にはどちらも完璧な「ラ行」の音として聞こえてしまうのは、**日本語にこの２つの音を区別する仕組みがない**からにほかなりません。

　play（遊ぶ）と pray（祈る）、light（明かり）と right（右）、collect（集める）と correct（訂正する）、glass（ガラス）と grass（草）、fly（蠅）と fry（揚げる）、flute（フルート）と fruit（果物）…etc.

　これらは日本人にはどちらも「プレイ」「ライト」「コレクト」「グラス」「フライ」「フルート」のように同じに

聞こえ、私たち日本人の脳内の「ラ行」の棚に収納されます。ところが、英米人の脳の「ラ行」の棚には真ん中に間仕切りがあって、片方が「r行」もう片方が「l行」に、明確に区分けされて収納されるのです。

これが日本語にまったく存在しない音なら、逆に難しくなかったはずです。どちらの音も日本語にあり、それらがごちゃ混ぜに「ラ行」として通用しているから、話がややこしくなっているのです。

lの音は、舌先を、自分の口の内部の天井（硬口蓋）の、前歯の根っこ付近に押し付けたまま出します。ウのようなルのような、硬い響きの音です。一方、**rの音は、舌を口の内部の床に置いたまま、天井には決して触れずに出します。**流れるような柔らかい音です。

特にやっかいなのは、lが語の途中に出てきたときではないかと思います。solarやcolorやcollectやballoonやsolutionなどは、いずれも語の途中にlの音が出てきます。このlをほとんどの日本人はrのような響きで発音すると思います。

語の途中でlの音を出すときに、自分の舌を口の天井に強く押し付けるために舌を移動しなければなりませんが、どうも日本人はその手間を省いているようです。それではlの音としては伝わりません。

図7 なぜ日本人は「r」と「l」の使い分けが苦手なのか!?

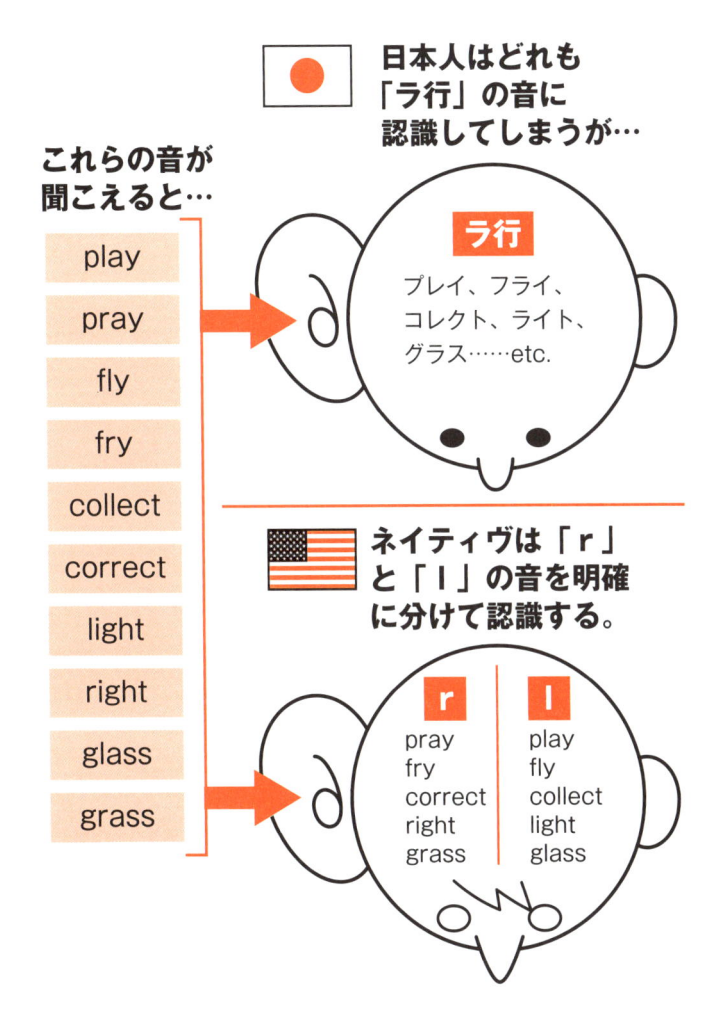

これらの音が聞こえると…

- play
- pray
- fly
- fry
- collect
- correct
- light
- right
- glass
- grass

🇯🇵 **日本人はどれも「ラ行」の音に認識してしまうが…**

ラ行
プレイ、フライ、コレクト、ライト、グラス……etc.

🇺🇸 **ネイティヴは「r」と「l」の音を明確に分けて認識する。**

r	l
pray	play
fry	fly
correct	collect
right	light
grass	glass

だとすれば、lを発音する場合には、特に丁寧に舌の位置を確認して発音すればいいのではないかと思います。**舌の位置さえ正しければ、ネイティヴはちゃんと聞き分けてくれます。**何せ彼らはrとlの聞き分けのプロですから。
　そう考えると、日本人にとってはrとlを聞き分けるよりも、rとlを言い分ける方がやさしいのかもしれません。

　そこでrを上手に発音する上でお手本にしたいのが、やはりアラブ人です。私がアメリカの大学院で「ＴＥＳＯＬ」（外国語としての英語教授法）を学んでいたときの同級生に、サウジアラビアから来たムハンマド君がいました。同級生なので「君づけ」にしていますが、国費で留学してきた40歳くらいの中学の校長先生です。
　私と気が合ったムハンマド君は、あるとき私を家族で借りていた一軒家に招待してくれました。車で行くつもりの私は彼に「車を停めるところはあるかい？」と尋ねたのですが、そのときのムハンマド君の答えはこうでした。

"Hiroshi, you can park your car in front of my house."
「ヒロシ、家の前に停められるよ」

図8 「r」と「l」を正しく発音するには舌を置く位置がポイント！

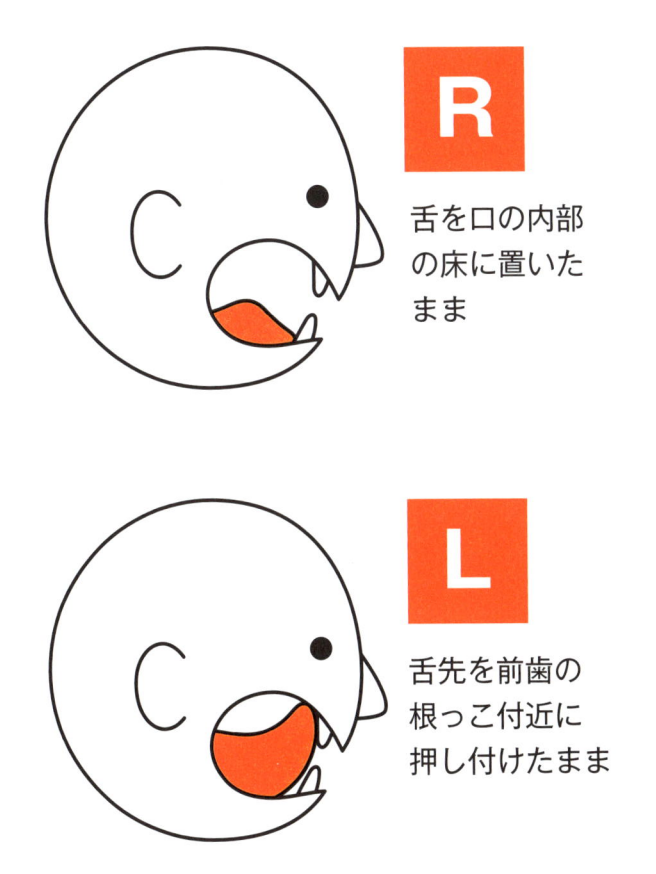

R

舌を口の内部の床に置いたまま

L

舌先を前歯の根っこ付近に押し付けたまま

こうして文字にしてしまうとごくふつうの英語なのですが、聞いた感じはまったくふつうではありませんでした。どこがふつうではないかというと、Hiroshi、park、your、carの発音です。日本語で書くと**「ヒルルロゥシ」「パールルルク」「ユアール」「カールルル」**で、舌が口の中で暴れ回るような感じです。ムハンマド君に限らず、アラブ語を喋る人たちはこのrの発音が強烈です。

　反対に日本人は、語の途中や語尾で出てくるrを完全に無視してしまいます。日本人でcarを「カール」と発音する人を、ほとんど見かけたことがありません。

　それでアメリカやカナダの英語学校に留学した日本人は、現地の先生から「rの音をしっかり出しなさい」とか注意されているのですね。

　アラブ人をマネれば、あなたの発音矯正は簡単にできます。綴り字を見て、rが入っていたら、必ず小さな「ル」を入れるのです。たとえば、

mermaid	マールメイド
border	ボールダール
barber	バールバール
there	デアール
sharp	シャールプ
forget	フォルゲッツ

これで、今まであなたが「r」と「l」の発音をするたびに怪訝な顔をしていたネイティヴが、「わかった！」という表情でうなずいてくれるでしょう。

　アラブ人の子音の発音は強烈です。**特に「破裂音」と言われる6つの音「プ、ツ、ク、ブ、ヅ、グ（p, t, k, b, d, g）」は、まさに唇や舌が破裂して、つばが飛び散るように発音します。**

　日本人の発音する子音はパワーが弱すぎてほとんど相手に聞こえませんから、ここはぜひアラブ人のマネをしてほしいのです。

　さて、さっきのムハンマド君ですが、大学院の最後の修了試験の最中に、大胆にも後ろを振り返って私に向かい、答案を指さしながら、切実な表情でこう言いました。

"Hiroshi, answer!!"

　アメリカの大学（院）ではカンニング（cheating）に対しては極めて厳しいので、私は心を鬼にして一切無視しました。しかし、ムハンマド君の発したHiroshiとanswerの発音が、強烈な「ヒルルロゥシ」「アンサールル」だったことは言うまでもありません。

図9 アラブ式 r 発音法で ネイティヴにも強烈に伝わる

r が出てきたら小さな「ル」を言ってみよう

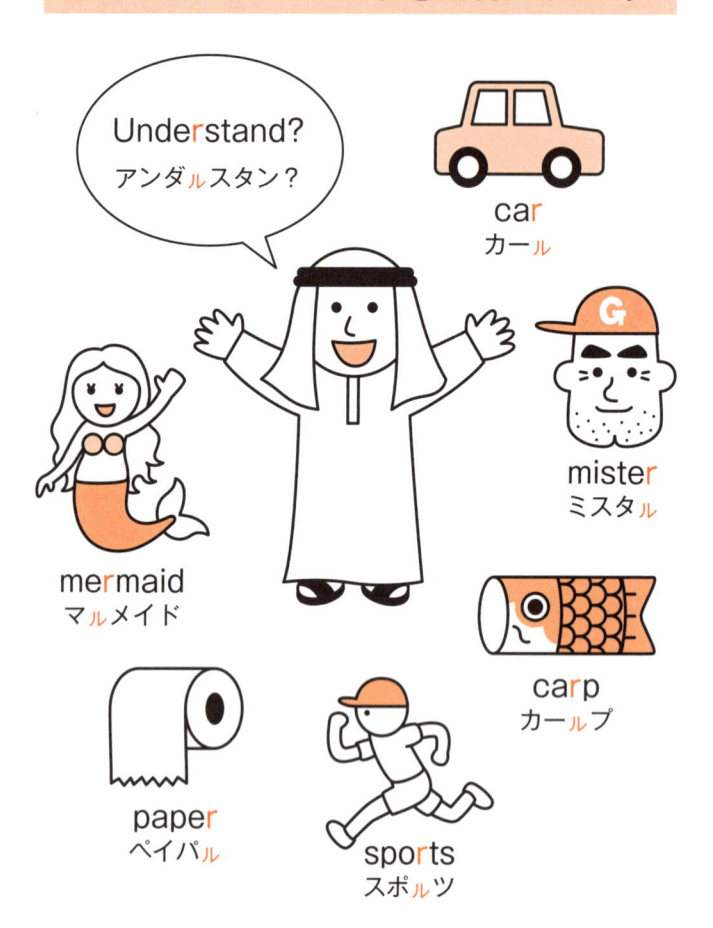

Understand?
アンダルスタン？

car
カール

mister
ミスタル

mermaid
マルメイド

carp
カールプ

paper
ペイパル

sports
スポルツ

日本人は「ここでウン〇していいですか」と言ってしまう

rとlの発音の次に、**多くの日本人が間違えている英語の子音はsとshの区別でしょう。**

sの音は日本語の「サ行」の先頭に出てくる子音です。shの音は日本語の「シャ行」の先頭に出てくる子音です。以下の表を見てください。

サ行		シャ行	
<u>さ</u>	<u>sa</u>	しゃ	sha
(すぃ)	si	<u>し</u>	<u>shi</u>
<u>す</u>	<u>su</u>	しゅ	shu
<u>せ</u>	<u>se</u>	しぇ	she
<u>そ</u>	<u>so</u>	しょ	sho

そもそも日本語自体が、音声学的には捻じれています。上の下線部が、通常の日本語の「サ行」ですが、実は「し」だけが、別のグループ（「シャ行」）に属します。**「すぃ」という音自体が日本語にはありません。**

ということは、**「すぃ = si」という音を持つ英語を正しく発音できない人が日本人に多くいそうだ**ということです。日本語には存在しないですからね。

	正	誤
sit	スィッツ	シット
silk	スィルク	シルク
sea	スィー	シー
seat	スィーツ	シート
legacy	レガスィー	レガシー
fancy	ファンスィー	ファンシー

特にsit（座る）をshit（シット）と発音してしまうと、「ウンコする」の意味になってしまいますから、これはとんでもないことになります。Can I sit here?　の意味で言ったあなたの言葉が、Can I shit here?　の意味で受け取られてしまったら、あなたのその後の人生には苦難が予想されます。

　逆にshiが正しいところをsiと発音してしまう人もいます。たとえば「機械」を意味するmachineは「マシーン」で正しいのに、英語っぽく発音しようとして「マスィーン」と言ってしまう人がいますね。
　これを矯正するいちばん簡単な練習は、以下の英語の早口言葉を、正確な音で暗記することです。

She sells seashells by the seashore.
彼女は浜辺で貝を売っている。

図10 sitとshitを言い分けられないとエライことになる

「シャ行」の /ʃ/ と発音するのは She と shells と shore であり、「サ行」の /s/ と発音するのは sells と sea です。正確な音を聞きたい人は、以下のサイトへアクセスしてみてください。ネイティヴがゆっくりと正確に発音してくれています。

Tongue Twister Practice - She Sells Seashells by the Seashore
www.manythings.org/pp/she_sells_seashells.html

同じことが濁音（＝有声音）の「ザ行」と「ジャ行」についても言えます。

その結果、日本語にない zi（ズィ）の音をうまく発音できない人が出てきます。

	正	誤
zipper	ズィッパー	ジッパー
zebra	ズィーブラ	ジーブラ・ゼブラ
busy	ビズィー	ビジー
easy	イーズィー	イージー
fuzzy	ファズィー	ファジー

好きな彼から、明日一緒に何かしようかと誘われたあなた。でもあいにく友人が家に遊びに来ることになっています。以下のセリフを読んでみてください。

"How about tomorrow?"
「明日はどう？」

"Sorry, but I'll be busy; friends are visiting me."
「ごめんね。友だちが来る予定なの」

　busyを「ビ**ズィ**」、visitingを「ヴィ**ズィ**ッティン」と、正しく発音できましたか？

英語には5種類の「ア」がある

　ここまで、日本人が間違える「子音」についてみてきましたが、次は「母音」（特にアクセントのある母音）についてチェックしてみましょう。まず、どの音もアラブ人のように、はっきりと大きな声で発音するのが基本です。日本語は母音が優勢な言語ですから、意識さえすれば比較的容易にできるはずです。アラブ人の母音をマネるには、気持ち長めに発音するといいでしょう。

　さて「母音」とは、日本語で言うところの「アイウエオ」ですが、これは万国共通というわけではありません。「日本語の枠内では5つの母音がある」という話

に過ぎず、言語が違えば母音のグループ化の仕方も、区分の細かさも違います。たとえば（数え方にもよりますが、フランス語やドイツ語では母音は16あり、英語は12で、日本語はロシア語やスペイン語と同じで5つです（http://www.eupedia.com）。

　英語の母音は日本語と比べて2倍以上あるのです。しかし、**英語の母音で日本語のそれと比べて著しい違いがあるのはアイウエオのうち「ア」だけ**で、「イウエオ」は日本語のそれで代用しても通じます。さしあたっては、**「ア」の音だけを集中してマスターすれば何とかなる**ということです。

　とはいえ、実際にはけっこう大変です。なぜなら、**英語の「ア」には5つの違った音質を持つ「ア」がある**からです。この「5種類のア」を、ここでどうにかものにしていただきたいと思います。

　以下が英語の「5種類のア」です（ネイミングは私が命名したもので、まだ一般的な名称ではありません）。油断していると、日本人の耳にはすべて同じ「ア」に聞こえてしまうかもしれません。しかし、耳を澄ませて聞けば音質の違いはあなたにもわかると思います。

> **英語で聞かれる5種類の「ア」**
> ❶ カエルのア
> ❷ あくびのア
> ❸ ゲップのア
> ❹ スネ夫のアー
> ❺ カオナシのア

　日本語では表記に区別がないので「○○のア」と書いていますが、音の微妙な違いは活字ではわかりません。私が直接詳しく説明している無料サイトがありますから、そこでネイティヴの声で聞きながら違いを体得してみてください（巻末コラム参照）。

　それでは「5種類のア」はそれぞれどう発音すればいいのか、以下に説明していきます。

❶カエルのア

　bad／cat／man／packなどの母音が、「カエルのア」です。**大きなガマガエルやウシガエルが押しつぶされて、断末魔の叫びをあげる場面をイメージしながら言ってみてください。**「ギャア〜！」。そう、その「ア」です。微小な緑のアマガエルをイメージしてはいけません。

　コツは口の両脇が押し広げられて口全体が平べったくなった感じで発音することです。なるべく下品に発音す

るといいでしょう。日本語でいうと、ちょうど「ア」と「エ」の中間の音です。

❷あくびのア

pot ／ lock ／ top ／ socks などの母音が、「あくびのア」です。デスクワークを続けていると眠くなりますね。そこで**背中を反らせて両腕も伸ばして大きなあくびをしてみてください。**「ア〜！」。そう、その「ア」です。

唇はやや開いて丸くなり、でものどの奥あたりがさらに広がる感じです。長めに発音してみましょう。日本語でいうと、ちょうど「ア」と「オ」の中間の音です。

❸ゲップのア

love ／ one ／ but ／ cup などの母音が、「ゲップのア」です。コーラなどの炭酸飲料を飲むと、ゲップが出ますね。**のどの奥から鋭く、短く「ア」を出してみてください。**「アッ」。そう、その「ア」です。

唇は大きく開かず、短く音を出します。日本語でいうと、ちょうど「ア」と「ウ」の中間の音です。

❹スネ夫のアー

bird ／ earn ／ turn ／ girl などの母音が、「スネ夫のアー」です。スネ夫とは、そう『ドラえもん』に出てくるあのスネ夫です。知らない人はいないでしょう？

スネ夫の口を思い出してください。とんがって突き出ていますね。あの口です。**上唇と下唇を少し離して、口先をとがらせて口を少し空けて、スネ夫のとんがり口を作ります。**

　そのまま「ア〜」と発音すると、「スネ夫のアー」になります。日本語にはない音でこもった響きです。

❺カオナシのア

　b<u>a</u>nana／lem<u>o</u>n／s<u>u</u>pport／<u>a</u>gainの下線部が「カオナシのア」です。この母音は他の4つの「ア」とは違って、アクセントのない、弱いところに出てきます。

　ちょうど、『千と千尋の神隠し』の中で、ぼお〜っとした感じのカオナシが、黒装束の猫背で物陰にたたずんでいるような感じです。**無気力に、弱々しく、口を半開きにして、けだるく物憂げに「ア〜」と発音してみてください。**音自体は「ゲップのア」をすごく弱くした音です。

　「カオナシのア」と呼ばれる理由は、映画の中で湯屋にやって来た人々（神々？）にカオナシは手の平の金貨をあげようとして「ア…」と言うのです。その「ア」こそがこのカオナシのアの発音なのです。「物憂げに・弱々しく」がコツです。

　英語では「ア」1つをとってもこれら4つの母音（「カ

オナシのア」を加えれば5つ）の"音質の違い"によって意味の違いを言い表すのですから、日本人にとっては大変です。まるで手品のように思えるかもしれません。たとえば、bとdの間に4つの母音を配置すると、以下のようになります。

❶カエルのア	bad	悪い
❷あくびのア	bod	体（bodyの略語）
❸ゲップのア	bud	花のつぼみ
❹スネ夫のアー	bird	小鳥

　恐ろしいことにこの4つの語は「ア」の音質が微妙に違うだけで、意味が全部違ってくるのです。日本語では「ア」とひとくくりにしているものが、**英語では5種類に細分され、それぞれが違う意味を表す**ということは、つねづね頭の隅に入れておかなければなりません。

コーヒーを注文してコーラが出てくる理由

　あるとき、私の友人が「ニューヨークのカフェでコーヒーを頼んだら、コカコーラを持ってこられた」と不平を言っていました。こういうエピソードはよく聞きます。どうしてそういうことが頻発するのでしょうか？

いくつか理由が考えられます。まず、そのときのウェイターまたはウェイトレスが仕事熱心ではなく、あるいは前日に恋人とケンカでもして、ボーッとしていたのかもしれません。

　でも、そうでなかったのだとしたら、**あなたの発音したcoffee（コーヒー）という英語が、アメリカ人にはCoke（コーク）に聞こえた**可能性が考えられます。
　「まさかcoffeeとCokeを混同するか!?」と思われるかもしれませんが、そもそも日本人がふつうと感じる音量で話す英語は、ネイティヴにとってはボソボソと何を言っているかわかりにくいのです。
　さらにこの２語は、日本語では同じ「コー」から始まる語ですが、正しく発音するとcoffeeは「カーフィー」、Cokeは「コウク」です。それぞれの語の最初の母音が「カー」と「コウ」で違い、そこにアクセントがあります。
　つまり、ネイティヴは「コウ…」と聞こえた瞬間に「Cokeだ」と判断するので、日本人が「コウフィー」と発音するとほぼ間違いなくコーラが出てきます。試しにやってみてください。

"Are you ready to order, sir?"
「ご注文お決まりですか？」

図11 日本人がカフェでcoffeeを注文してCokeが出てきたらこんな理由

「えー!? **coffee** を頼んだのに」

なぜこんなことが起きたのか？

coffee ✕ **コウ**フィー
　　　　 ◎ **カー**フィー

Coke　 ✕ **コー**ク
　　　　 ◎ **コウ**ク

結論 あなたが **コウ** と発した瞬間にCokeと判断された

"コウ、please."

　これで、コーラの注文は完ぺきです（コーヒーが飲みたい場合はちゃんと「カーフィー」と言ってくださいね）。それでも相手が「わからない」という顔をしていたら……いちばんいいのは、**注文をそのままもう一度、はっきりと大声で繰り返すことです。**あなたの声が小さすぎたか、相手が注意散漫だったのかもしれません。同じ意味を表す違う表現で言い換えよう、なんて思わないほうがいいです。

　それでも通じないようなら、あなたの英語のどこかがおかしいわけですから、そのときに対策を考えればいいでしょう。とは言っても、考えるのはあなただけではありません。相手も何か考えていろいろ助け舟を出してくれるでしょうから、実践の場ではそれを待つのも大いにありですね。

3日目 雑音に耳をそばだてる

「発音記号」の深い闇

　あなたがついやってしまうリスニング上の最大の間違いは、**意味がわかっていないのに「聞き取れているフリ」をしてしまう**ことではないでしょうか。相手が話すのを"Uh huh."（アハッ）などとそれっぽい相づちを打ちながら聞いていたが、実は何を言っているかまるでわかっていなかったという恥ずかしい経験を持つ人も多いと思います。

　同情の余地がないわけではありません。だって「わからないところは聞き返せ」とは言われていても、すべてがわからないところだらけで、何が何だか全然わからなければ「アハ〜」くらいしか言える言葉はないですよね。

　ここで話題にしたいのは「なぜ英語が聞き取れないのか」という大問題です。

　まず、私たちは**学校できちんとリスニングのやり方を習ったことがない**という理由が挙げられると思います。文法も、読解も、英作文も、会話さえも全部「音なし」（つまり読み書きだけ）で勉強し、「音」についてはほとんど何も習わなかったという人も多いのではないでしょ

うか。

　かくいう私も中学生のとき、いつの間にか教科書に「発音記号」が登場するようになっていて、そこからは皆が「発音記号」を読めるのが前提のように授業が進んでいた気がします。「この発音記号はこのように発音するんだよ」という指導を受けた記憶がありません。

　高校では"本格的な"発音をしていた英語教師はただ一人だけで、他の先生は全員典型的な「カタカナ英語」の読み方（発音記号をそのままローマ字読みしたような発音）でした。しかし、そもそもローマ字は日本語の50音をアルファベットに書き換えただけのもの。**「カタカナ英語」でいるかぎり、どこまでいっても英語の発音にはなりません。**

　私が高校生だった当時（昭和の時代です）、ネイティヴに近い発音をする生徒がごくまれにいると、英語の先生が「君の発音は本格的だねぇ」などと褒めたものでした。そういう生徒は、おそらく「Linguaphone」（リンガフォン）とかいう、当時は高価でなかなか手の届かない語学レコードを買い、擦り切れるほど聞いて独学していたのかもしれません。

　時代は変わって平成になっても、日本の学校での英語音声教育はたいして進歩していないようです。しかし、私にはあなたのリスニング力を急激にアップさせるため

の秘訣があります。それをこれからお教えしましょう。

あなたのリスニング力の急上昇のためには、以下の戦略が必要です。

> **診断**：自分のリスニングの弱点や不足しているところを把握する。
> **対策**：そこを改善するには何をどうやったらいいのかを理解する。
> **実践**：そして、実際にそれをやる。

そして、私の診断する、あなたのリスニングの問題点は、以下の3つにまとめられます。

> (1) 日本語にはない英語音には耳栓をしてしまう。
> (2) 日本語にはない英語の音を、似ている日本語の音に置き換えてしまう。
> (3) 英語の「音変化のルール」をわきまえていない。

あなたの耳にある「見えない耳栓」

正しい発音ができるようになるには、まず正しく聞き取れるようになることです。聞き分けられない音を、自分で発せられるはずもありません。

あなたは英語を聞くとき、日本語の音体系の枠内で聞こうとしています。**英語を日本語として聞いている**、というわけです。何を言っているのかわからない？　では例を挙げましょう。

桜が咲きました。
sakura ga sakimashita.

　この文を見ればすぐわかると思いますが、**日本語の音は原則として「子音1つ＋母音1つ」が単位になっており、それが連鎖していきます。**

子・母 + 子・母 + 子・母 + 子・母 + ……

です。先ほどの「桜が咲きました」は、

sa＋ku＋ra＋ga＋sa＋ki＋ma＋shi＋ta.

のようになっています。ということは、**日本人は子音が来たら直後に母音が来ることを無意識に予期している**と言ってよいでしょう。小さいころから今までずっとそうでした（「ん」とか、標準語の文尾の「す」は、厳密には子音だけなのですが、それは例外です）。
　では、もし子音の直後に母音が来なかったらどうなる

でしょう。たとえば、あなたの友人が歯医者で抜歯した直後に、この「桜が咲きました」を音読したとします。ところどころで歯と歯の隙間から漏れる「スースー」という音が聞こえます。おそらく、こんな感じです。

sさくsらがsさきsまsしたs

　sの文字を置いてあるところが、音の漏れた箇所です。「スースー」が耳障りかもしれませんが、あなたは苦もなく抜歯くんの言っていることが理解できるでしょう。それはなぜか!?　**あなたの脳が「単独の子音は存在するはずがないから、ところどころで聞こえるsの音は雑音だろう」と自動的に判断して、切り捨ててしまう**からです。

　ヘッドフォンで「ノイズキャンセリングシステム」という、外界のいろいろな音から騒音だけを周波数からそれと判断して低減する機能があります。人間の脳にもそれに似た、自分にとって必要な音とそうでない音を聞き分けて、必要でない音を低減してしまう仕組みがあるのでしょう。だからこそ私たちは、賑やかな大通りの交差点でも話すべき相手と立ち話ができるのです。
　ところが、あなたの脳が「日本語モウド」のまま英語の音に対応しようとすると、少し困ったことになりま

す。相手の人が、

I've known Jack for a long time.

　と発言したとき、あなたの脳は無意識にノイズキャンセリングシステムを機能させ、このように聞き取ってしまいます。

アイvノウン ジャck フォラ ロンg タイm

　アルファベットのところは子音が単独であるところです。日本語では必ず「母音＋子音」が1セットになっていますから、子音だけがあると自動的に「これは言語に必要ない音だ」と判断して、切り捨ててしまう可能性が高いのです。その結果、

アイ・ノウンジャ・フォラロン・タイ・

　としか聞こえないという事態になります。これでは意味は取れないでしょう。「英語では子音だけでも音の1つの単位になっている」という事実を、あなたの脳に十分わからせなければなりません。そのための対策が、まず「子音だけの音読」です。特に子音でも「無声音」(かすれた風のような音。のどが震えない) が発音しやすい

ので、以下の「子音の表」を見ながら、毎日音読するところから始めましょう。

子音の表

p	t	k	tʃ	f	h	θ	s	ʃ
プ	ッ	ク	チ	フ	ハ	ス	ス	シュ

※thはsとは音が違いますが、日本語では表記できません。

たとえばpは、「プ」から「ウ」を引いた音ですから、ウを言わないようにします。すると、つばを吐いたときのようになりますね。それが正しい音です。

音は「口で聞く」

あなたの2つ目の症状は「日本語にはない英語の音を、似ている日本語の音に置き換えてしまう」というものです。

言語学では音の基本単位を「音素」と呼んでいますが、英語は日本語よりもはるかに多くの音素から成っています。少ない音素でコミュニケイションが成り立つ日本語のほうがラクという言い方もできますが、いざ外国語を学ぶ段になると、**音素の少ない言語を喋る日本人は圧倒的に苦労します。**新しい音素の発声の仕方を1つ1つ学んで、脳に「英語音のシステム」をインストールし

図12 単独の子音が聞き取れないと英語を正しく理解できない

①日本語は母音＋子音のセットが原則なので…

I've known Jack for a long time.

②「日本語モウド」で英語を聞くと単独の子音は"雑音扱い"され…

アイv ノウンジャck
フォラロンg タイm

ノイズキャンセリング
システム日本語モウド
作動中

③意味不明の音の羅列にしか聞こえないことに！

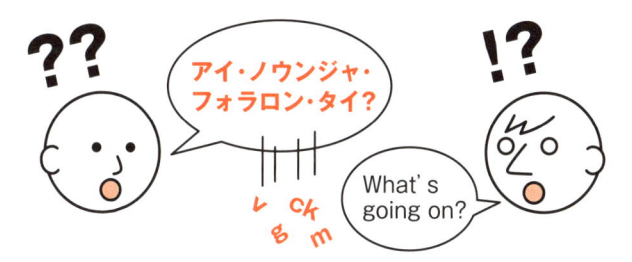

アイ・ノウンジャ・フォラロン・タイ？

v ck
g m

What's going on?

なければならないからです。

では、**英語にはあるけれど日本語にはない子音**には、どういうものがあるのでしょうか？ たとえば下の表にある5種類がそうです。

	音	その音が使われている語	種別
1	θ	thing、panther、birthなど	清音（無声音）
2	ð	this、mother、smoothなど	濁音（有声音）
3	f	fruit、differ、roofなど	清音（無声音）
4	v	vacation、average、loveなど	濁音（有声音）
5	ʒ	pleasure、Asia、rougeなど	ʃが濁った音（有声音）

たとえば上の表にもあるthingを日本語にある音素だけで表現しようとすると「シング」とか「テング」としか言えません。しかし、実際にネイティヴが発音するthingのthは「シ」とも「テ」とも「スィ」とも「ティ」とも違う音です。**thの音を日本語のサ行やザ行で置き換えたり、fの音を日本語のハ行で置き換えたり、vの音を日本語のバ行で置き換えたりしていると、ネイティヴの本格的な音が聞こえてきたときにそれと認識できません。**

さらに、前の節で書きましたが、**最高に油断ならないのが「rの音とlの音」**です。相手がアラブ人ならばrのほうは「ルルル」と言いますから区別がつきやすいですが、ネイティヴの発音はそこまでわかりやすくはありません。riverとliver、rockとlock、crowdとcloud、grassと

glass、fruit と flute などが聞き分けられるようになるにはおおむね２年程度はかかりますから、覚悟して努力邁進してください。

　これをモノにするには、やはり**発音練習を集中的に繰り返す**しかありません。英語の音の練習だけに特化した書籍（発音記号と口の形と実際のCD音とのセット）はいくつも出版されていますが、お金を出さなくてもネットに無料で練習できるところがあります。
　たとえば、「学びエイド」（https://www.manabi-aid.jp）という大学受験用のサイトには、私が解説している英語音のページに行けます（→巻末コラム参照）。

Check it out.が「チェケラウ」になるメカニズム

　あなたの３つ目のリスニングの症状は「隣り合う英語音の音変化のルール」についてまったく無知であるということです。
　英語では、**隣り合う音が化学反応してまったく違う音に変わる**場合が多くあります。しかし、多くの日本人はその変化のルールを知りません。
　たとえばラジオの音楽番組などでアメリカかぶれしたＤＪが、「チェケラウ！」と叫んでいます。あれは文字に

起こすと Check it out. ですよね。発音としてはあれで正しいのですが、どうして「チェック・イット・アウト」が「チェケラウ」になるのか知っていますか？

そこのメカニズムがわかると、あなたのリスニング力（そしてスピーキング力も）は飛躍的にアップします。**英語のリスニングに欠かせない『隣り合う英語音の音変化のルール』は最重要のものが5つあります。**極めて大切なところですから、よ〜く理解して身に付けてくださいね。

「隣り合う英語音の音変化のルール」最重要の5つ

❶ 『子母密着』のルール
❷ 『ラ変』のルール
❸ 『ナ変』のルール
❹ 『オ変』のルール
❺ 『呑み込み』のルール

ちなみに「チェケラウ」には、これから説明する最重要の5つの「隣り合う英語音の音変化のルール」のうちの2つが含まれています。「チェック・イット・アウト」にどんなメカニズムが働いて「チェケラウ」になっているのか、考えながら読み進めてみてください。

図13 Check it out. は「隣り合う英語音の音変化のルール」でチェケラウ！になる

チェケラウ！
Check it out.

ところでなんでCheck it out.をチェケラウと発音するか知っていますか？

…いや、知らんけど

それではこれからご説明しましょう！

チェケラウ！
読んでみて！

【ルール① 子母密着】
an appleは「アナポー」

　最初に取り上げるのは**『子母密着』のルール**です。日本では近年、わが子を溺愛する母親と、それに甘えきった息子との「母子密着」が問題になったりしていますね。この音変化は名前のみならず、内容もちょっと似ています。**１つの単語の語尾（いちばん最後）の音と、次の単語の語頭（いちばん最初）の音がつながってしまう（密着してしまう）という法則**です。発動されるのは**前の単語の語尾が「子音」で、次の単語の語頭が「母音」で始まるとき**。子音＋母音ですから「子母密着」というわけです。

　たとえば、先ほどの「チェケラウ」では、check itの部分でそれが起きています。
　それでは、以下の会話文を『子母密着』のルールに気を付けながら、声に出して読んでみてください。

"We've received several complaints about our new product."
「わが社の新製品に苦情がいくつか寄せられています」

図14 check it が『子母密着』のルールでチェケッになる仕組み

---

check it   それぞれに発音すると「チェック」「イッツ」

↓

che ck it   check の語尾が ck（子音）、続く it の語頭が i（母音）なので『子母密着』のルールが発動！

（子音／母音／子母密着）

↓

checkit   **チェキッツ** または **チェケッ**

> 子音＋母音が並んでいるときには、必ずつながって1つの音になります。

わざわざ2語を別々に発音すると、すごく変な英語になります。

"OK. We should check them out right away."
「すぐチェックしよう」

　complain**ts a**bou**t our** のところと、check the**m out** のところをつなげて発音できましたか？ 文字で書いた場合には、語と語の間はスペースが空いて1字分離れていますから、生真面目な英語教師は「読むときにはそこでポーズを入れるはずだ」と思うかもしれませんが、この部分は必ずつながりますから、逆に**分けて発音してはダメなのです**。

　『子母密着』の例としては、ほかに

an apple	アナポー
brown eyes	ブラウナイズ
on earth	アナース
look up	ルッカップ
sign in	サイニン
hold on	ホウルダン

など無数にあります。

【ルール② ラ変】
waterは「ワーラー」

　次に取り上げるのは『ラ変』のルールです。古文に「あり・をり・はべり・いまそがり」の「ラ行変格活用」というのがありましたが、まったく関係ありません。**tまたはdの音が両側を母音で挟まれたときに、その「t＋母音」または「d＋母音」の部分がラ行の音に変化するという法則**です。

　たとえば、冒頭の「チェケラウ」では、check it outの「it out」の部分でそれが起きています。まず、前段階としてitとoutは『子母密着』のルールによりつながって「it out」になっています。**音としては「イッツ・アウト」が「イッタウツ」になっている**わけです。

　その上で、次のように『ラ変』のルールが発動します。

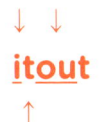

母音　母音
↓　　↓
itout
　↑
母音に挟まれた「t」がラ行の音に変化
イッタウツ⇒イッラウツ

　これは『子母密着』のルールで前後の語がつながった

図15 it outが『ラ変』のルールでイッラウツになる仕組み

it out
子母密着
↓
itout

まず前段階として、it と out は『子母密着』のルールによりつながって、「itout」（音としては「イッタウツ」）になっている。

母音　母音
it out

母音に挟まれたこの **t** に『ラ変』のルールが発動

左のように1番目の t が前後を母音（i と ou）に挟まれているので『ラ変』のルールが発動。

「イッタウツ」が
「イッラウツ」に変化する！

この場合は『子母密着』と『ラ変』の合わせ技でした。

076

ことにより『ラ変』のルールが誘発されたケースですが、『ラ変』のルールは１つの単語内でも起こります。たとえばwaterは多くの日本人が「ウォーター」と読みますが、アメリカ人の発音とはまるで違います。どう違うのかと言うと、waterの真ん中にある「t」は前後を母音のaとerに挟まれていますから、ここに『ラ変』のルールが発動されて「ワーラー」という発音になるのです。

それでは、以下の会話文を『ラ変』のルールに気を付けながら、声に出して読んでみてください。

"Any problem between us?"
「私たちの間には何か問題あるの？」

"Not at all."
「全然問題ないよ」

『ラ変』のルールが適用されるのはNot at allのところです。まず、前段階として**Not + at + all（ナット・アット・オール）**の部分が『子母密着』のルールで「ナタトール」になります。その上でNot atのtとat allのtが母音に挟まれていますから『ラ変』のルールが発動して「ナラロール」になるのです。正しく発音できましたか？

母音　母音　母音
　　↓　　↓　　↓
n<u>o</u>t　<u>a</u>t　<u>a</u>ll
　　　↑　　↑

母音に挟まれた「**t**」がラ行の音に変化

ナットアットオール⇒ナラロール

『ラ変』の例としては、ほかに

eighty	エイリー
heater	ヒーラー
butter	バラー
later	レイラー
shut up	シャラップ
get out	ゲッラウッ
not at all	ナラロール
forty	フォーリー

など無数にあります。

【ルール③ ナ変】
centerは「セナー」

次は『ナ変』のルールです。古文に出てきた「往（い）ぬ・死ぬ」の「ナ行変格活用」とはまるで関係ありません。**音が「n + t + 母音」の配列になったとき、挟まれたtが脱落して前後のnと母音がくっつき、ナ行の音に変わる**という法則です。

たとえば **center** の語尾にあるerは母音（弱い「スネ夫のアー」）ですから、この単語には「n + t + 母音」という配列が含まれています。

それでは、以下の会話文を『ナ変』のルールに気を付けながら、声に出して読んでみてください。

"What are over-the-counter-medicines?"
「over-the-counter medicines って何のこと？」

"They're the medicines you can buy without seeing a doctor."
「医師の処方箋なしで買える薬のことだよ」

図16 centerが『ナ変』のルールでセナーになる仕組み

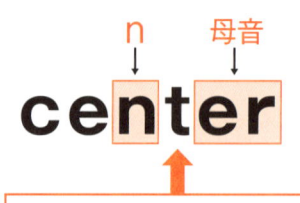

n ↓ 母音 ↓

center

nと母音に挟まれたtが、『ナ変』のルールにより脱落、**n + er** で「**セナー**」に近い発音になる。

> アメリカ人やカナダ人がふつうの発音で言うと、必ずこの変化が起こります。

※ただし、彼らが意図的に「すごくゆっくり」発音するときには起こりません。

『ナ変』のルールが発動するのはcounterの部分です。「キャウナー」と発音できましたか？

　『ナ変』の例としては、ほかに

ninety	ナイニー
interview	イナヴュー
international	イナナショノー
want to	ワナ
want a	ワナ
wanted	ワネッド
twenty	トウェニー
seventy	セヴニー

など無数にあります。

【ルール④ オ変】
tunnelは「タノー」

　『オ変』とは読んで字の如く、語尾のlが「オー」の音に変化する法則です。**lは普段は「ル」と発音しますが、直前に子音があると「オー」の音に変化して、その直前**

の子音と子母密着してしまうのです。

　たとえば、「取り組む」という意味のtackleは、日本語でも「タックル」というカタカナ英語で定着しています。しかし、**正しい発音は「タックル」ではなく「タコー」**です。

　それでは、以下の会話文を『オ変』のルールに気を付けながら、声に出して読んでみてください。今回は先にポイントを言っておきましょう。「the Channel Tunnel」（チャンネル・トンネル＝英仏海峡トンネル）のところです。

"Do you know how much it costs to go through the Channel Tunnel?"
「英仏海峡トンネルを通るのに、いくらかかるか知ってますか？」

"It's just £49 for a single trip with a car."
「片道料金は、車と込みでほんの49ポンドですよ」

　Channel Tunnelは2つの語から成り立っていますが、そのどちらにも**子音に続くlが含まれています。**このlが『オ変』のルールによって「オー」に変わり**「チャノー・タノー」**という発音になります。正しく言うこと

図17 tackleが『オ変』のルールでタコーになる仕組み

ta c k l e

- 子音 (ck)
- このeにはもともと音がない

直前に子音があるので『オ変』のルールにより、この l は「オー」の発音になる。

この場合は
ck（ク）+ **l**（オー）
= **タコー**
になるのです。

ができましたか？

　ちなみにfor a single tripは「片道で」という意味です（「往復で」ならfor a round tripと言います）。なぜby carではなくwith a carと言っているかというと、英仏海峡を渡る場合は、車ごと列車に乗るからです。イギリスのFolkestone（フォウクスタン）から出発すると、車を載せたまま海底トンネルの中を列車が走り、約35分間でフランスのCalais（カレー）まで運んでくれます。

　『オ変』の例としては、ほかに、

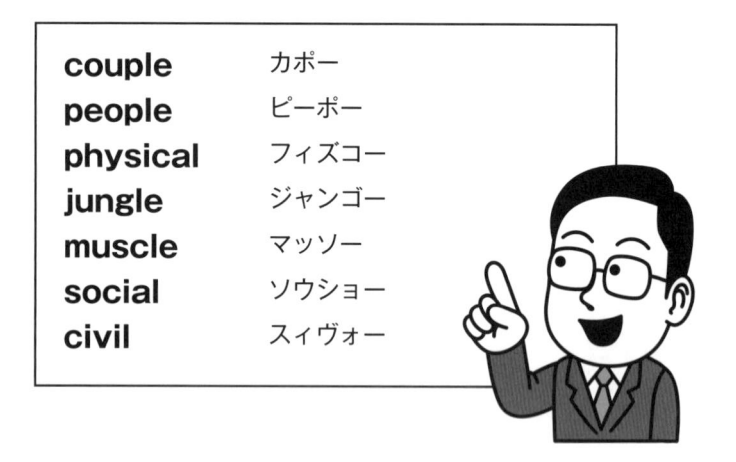

couple	カポー
people	ピーポー
physical	フィズコー
jungle	ジャンゴー
muscle	マッソー
social	ソウショー
civil	スィヴォー

など多数あります。

【ルール⑤ 呑み込み】
hand bagは「ハンッバッグ」

　最後は音が聞こえなくなる『呑み込み』のルールについて説明しましょう。アメリカ人が喋っているのを見て、ときどき「しゃっくり」をしているような発音をするのに気付いた人がいたら、その人は耳が鋭い人です。

　『呑み込み』のルールとは「破裂音が破裂せずに呑み込まれてしまう」現象です。破裂音というのは、p、t、k「プ・ツ・ク」とb、d、g「ブ・ヅ・グ」の6つの子音を指しますが、**直後に子音が来るとその破裂音は"不発弾"（発声されずにその音の長さだけ間が空く）になってしまうのです。**破裂音の直後がピリオド（つまり文尾）のときも不発になることが多いです。

　なお**『呑み込み』は2語にまたがっても起こります。**たとえば、fat menは「ファットメン」や「ファッツメン」ではなく、破裂音のtが呑み込まれて「ファッ○メン」という音になります。

　それでは、以下の会話文を『呑み込み』のルールに気を付けながら、声に出して読んでみてください。

"Excuse me, do they carry wooden

図18 hand bag が『呑み込み』のルールでハン○バッグになる仕組み

破裂音　子音
↓　　　↓

han**d** **b**ag

破裂音 **d** の直後に子音があるので
『呑み込み』のルールにより
この **d** が"無音状態"になる。

ハンド＋バッグが
つながることで
「**ハン○バッグ**」の
ような発音になります。

※○の部分は破裂音が呑み込まれて無音状態になることを表しています。

cartons at this store?"
「すみません、このお店では木箱を売っていますか?」

"Yes, just over there."
「はい、向こうにあります」

　wooden cartons(木箱)のところを「ウッ○ゥン カー○ゥンズ」と発音できましたか?『呑み込み』の例としては、ほかに

kitten	キッ○ゥン
cotton	カッ○ゥン
blood pressure	ブラッ○プレッシャー
bad girls	バッ○ガールズ
fried chicken	フライ○チックン
pet shop	ペッ○シャップ

など無数にあります。

4日目 まずはCouldと言ってみる

👍 外国人との会話を簡単に切り抜けるたった２つの戦略

　東京オリンピックやら観光業の振興やら産業の国際化やらで、日本を訪れる外国人の数は増え続けています。政府もそれを後押ししていますから、日本に住むあなたが外国人と言葉を交わす機会も増えてくるでしょう。

　逆に、あなたが外国に行くこともあるはずです。英語圏でなくても、たとえば仕事でアラブの国々に行ったとしても、英語が共通語として使われることはふつうです。あなたがアラビア語を解せず、相手も日本語を理解しないのなら、英語でコミュニケイトせざるを得ません。

　好むと好まざるとにかかわらず、**今の世の中では英語（特にアメリカ英語）が世界の共通語として君臨しており、英語を母国語としていない人同士の会話でも英語が使われるのが日常になっています。**この傾向は今後ますます加速すると思われます。

　さて、そうするとあなたも英語で何かしら喋らなければならなくなるわけですが、この本を手にしてくださったあなたの英会話力は、いささか心もとないのが実情でしょう。無理もありません。中学から受けてきた学校の

英語教育では、英語を喋ること（speaking）を教えてもらった記憶がないでしょうから。

　一体どういう戦略で、この苦境を切り抜けていけばよいのでしょうか？ **心配ご無用、これから述べるたった2つの戦略で対処できます。** 簡単こそ命です。

> **戦略①　定番表現を暗記する**
> レストランやショッピングなど基本的な日常生活会話では場面別に「定番表現」があるので、とりあえず必要最小限だけを丸暗記しておき、必要に応じて単語を入れ替えながらやりくりする。
>
> **戦略②　英語の最強文型にあてはめる**
> 「定番表現」に収まりきらない自由な表現をしたいときは、あらかじめ決めておいた英語の文型に、語をあてはめて話す。

　この節では【戦略①】について話を展開していきたいと思います。【戦略②】については次節で取り上げます。

　さて「日常生活の場面別に、使われる定番表現を丸暗記するのが良い」と言いましたが、やみくもに丸暗記しても効率が悪いでしょう。そこで、英語表現を目的別に

整理してみます。

　クライアントとの会話でも、デパートの店員とお客との会話でも、道に迷った外国人との会話でも、カフェで注文するときの会話でも、そこには共通する目的があります。それを以下の5つにまとめてみました。

> ❶相手にものを頼みたい　　　【依頼】
> ❷相手から許可を求めたい　　【許可願い】
> ❸相手の意向を尋ねたい　　　【意向伺い】
> ❹自分の意向を言いたい　　　【意思表示】
> ❺相手に助言・提案したい　　【助言】

　簡単に言ってしまえば、生活上のどの場面でも、**結局はこの5つのうちのどれかになることが多い**です。

【①依頼する】
Could you 〜が無難で確実

　レストランで「水を持ってきてほしい」、デパートで「もっと大きなサイズが見たい」、クライアントに「後でまた電話をかけてほしい」など、相手に丁寧にものを頼むときには、どう言ったらいいのでしょうか？
　相手は通常、初対面の人でしょうから、丁寧な言い方を心がけることも必要になってきます。

相手に丁寧に依頼するときには、**Could you + 動詞…?** の表現を使います。

"Could you get me some water, please?"
「お水をいただけますか？」

"Could you show me a bigger one?"
「もっと大きなサイズを見せてもらえますか？」

"Could you call me back later?"
「後ほどお電話いただきたいのですが？」

　もちろん、丁寧な依頼表現は、このCould you以外にもいくつかあります。たとえば、Would it be possible if you…？とか、I would appreciate it if you….とか。

　でもいくつも覚えても、英語を話すときには助けになりません。**1つだけ絶対確実な表現を知っておくのが、いちばん効率のよい方法**です。

　「Will you＋動詞…？も、相手にものを頼むのに使えるのではないですか」という声が聞こえそうです。その声の主はきっと昭和30〜40年代に中学で英語を習った人ではないでしょうか。60歳以上の人は間違った指導を受けていたのです。**Will you＋動詞…？はほとんど命令文**

と同じで、丁寧な表現では全然ありません。

【②許可を求める】
依頼と同じ「Could」が覚えやすい

　レストランでメニューを見せてもらいたいとき、デパートで試着させてもらいたいとき、相手に質問したいときなど「〇〇してもいいですか？」と許可を求めるときにはMay I＋動詞…？が使えます。Could I＋動詞…？でもほぼ同じ意味になります。両方覚えるのが大変なら、後者に一本化しておくのがいいと思います。

"May I see a menu, please?" または
"Could I have a menu, please?"
「メニューを見せてもらってもいいですか？」

"May I try this on?" または
"Could I just try it on?"
「試着してもいいですか？」

"May I ask you a question?" または
"Could I ask a question?"
「質問してもよろしいでしょうか？」

図19 相手にものを頼むときには Could you + 動詞 …? と言おう

Could you shut the door for me?
ドアを閉めていただけませんか？

Sure.
はい。

注意 Will you + 動詞 …? は丁寧じゃない

Will you shut the door?
ドア、閉めてよね。

＝Shut the door, will you?
ドア、閉めろよな。

この頼み方はむしろすごく失礼になるので注意しましょう。

図20 「○○してもいいですか？」と聞くときは Could I ＋動詞…？ と言おう

1 相手にものを頼みたい

「○○していただけますか？」

➡ Could you ＋ 動詞 …？

2 相手に許可を求めたい

「○○してもいいですか？」

➡ Could I ＋ 動詞 …？

> 対になっていて覚えやすいですね。

3つともMay IとCould Iの後ろが微妙に違っていますが、いろいろな表現がありますから気にしないで大丈夫です。**Could Iの代わりに、Can Iという手もありますが、丁寧度が落ちます。**

【③意向を尋ねる】「○○するのはいかがですか？」を"Do you want to 〜"と言ってはダメ

　接待のために連れてきた和食料理店で、相手の外国人に「日本酒を飲んでみたいですか」と勧めたり、レストランでウエイトレスから「ステーキはどんな焼き方がよろしいですか」と尋ねられたり、クライアントから「打合せが終わった後、今晩、御一緒に夕食などいかがですか」と誘われたりしますね。

　相手の意向を確認するときには、Would you like to＋動詞…？やWould you like＋名詞…？を使います。疑問詞のWhatやHowが文頭に来ることもあります。

"Would you like to try some sake, Japanese rice wine?"
「日本酒を飲んでみたいですか」

"How'd you like your steak, sir?"

「ステーキの焼き具合はいかがいたしましょう？」

"Would you like to have dinner with us this evening?"
「今晩、御一緒に夕食はいかがですか？」

　Do you wantではいけないのか？という声が上がりそうですが、いけません。**Do you want to ＋動詞…？とDo you want ＋名詞…？は、露骨なまでに直接的な言い方なので、丁寧な言い方を必要とするところでは決して使われません。**

【④意思表示する】
「○○したい」は"I like to"だけで丁寧な言い方になる仕組み

　レストランで「もう少しデザートを食べたい」と言ったり、空港のロビーの窓口で「レンタカーを借りたい」と言ったり、ホテルのフロントで「1055号室の鍵をいただきたいのですが」と言ったりするときは、自分の意向を表明しています。つまり「〜したい」です。
　自分の意思を表現するときには、I'd like to ＋動詞….やI'd like ＋名詞….が使われます。

"I'd like to rent a car."
「レンタカーを借りたいのですが」

"I'd like some more dessert."
「もう少しデザートを食べたいわ」

"I'd like a key to room 1055, please."
「1055号室の鍵、お願いします」

　I'd likeのI'dはI wouldが詰まった短縮形ですが、発音に注意です。dの直後がlikeで子音のlから始まっているので、『呑み込み』のルールが発動されてdの音はなくなります。つまり、音的にはI'd like＝I'○ likeになって、I likeとほとんど区別がつかなくなります。であれば、**最初からI likeと発音してしまっても大勢に影響はありません。**

　I want to＋動詞….とI want＋名詞….は、欲望が露骨に直接的に出ている語なので相手によっては失礼な響きになり、改まった場面では使われませんが、逆に**親しい仲間内ではI want to＋動詞….とI want＋名詞….は頻繁に使われます。**そのときにはwant toとwant aは『ナ変』のルールが発動して「ワナ」という発音になります。

"I want a huge house with a swimming pool."
「プール付きの巨大な家が欲しいよ」
I want a = アイワナ

"I want to make love to you tonight."
「今夜はお前と一緒に寝たい」
I want to = アイワナ

　自分の意思表明でも、未来のことに関しては、「〜するつもりです」とか、「〜しようと思っています」という表現になることがあります。**自身の「心づもり」を表す場合にはI'm going to ＋動詞….を使います。**I wantは「ムキ出しの欲望」の世界でしたが、I'm going toは「意志」の世界です。

"I'm going to go to bed now."
「もう寝るよ」

"I'm going to have a day off next week."
「来週1日休みをもらおうと思っているんだ」

"I'm not going to do that again."
「もう二度とそんなことはしないつもりだ」

発音について言うと、**going toは必ず「ゴウナ」または「ガナ」という音になります。**「ゴウイング・ツー」ではありません。**否定文のnot going toは「ナッガナ」です。**この発音はごくふつうに英米人の会話に出てくるものですが、日本人の中ではまだ定着していないようです。さっそく覚えて使ってみましょう。

　3番目の例文は**「アイム・ナッガナ・ドゥー…」**という発音になります。「ノット・ゴウイング・ツー」と教科書を朗読するように発音してはいけませんよ。

【⑤助言する】
好意的助言にはshouldが万能

　職場でのハラスメントに苦しんでいる友人に「上司に相談してみたら」と助言したり、急激に太りだした夫に向かって「ダイエットしたら？」と言ったりするときには、相手のことを考えて善意から助言をしているわけです。

　そういうときには、**(Maybe) you should + 動詞…**を使います。中学英語ですから簡単でしょう。こういう場面ではshouldがいちばん安全に使えて便利です。学校ではhave toやmustやhad betterやought toなども習ったと思いますが、**「好意的助言」を表すにはshouldが万能**です。

図21 「○○したい」と言うときの3つの表現を覚えよう

> まとめです。

❶ 丁寧に言うとき

I'd like to + **動詞** ….

または **I'd like** + **名詞** ….

> 発音のコツ **I'd like to** の d は発音しない。
> 例 I'd like to read the book.
> 「その本を読みたいです」

❷ 仲間内で言うとき

I want to + **動詞** ….

または **I want** + **名詞** ….

> 発音のコツ **I want to** は「アイワナ」と発音する。
> 例 I want to read the book.
> 「その本を読みたい」

❸ 心づもりを言うとき

I'm going to + **動詞** ….

> 発音のコツ **I'm going to** は
> 「アイムゴウナ」と発音する。
> 例 I'm going to read the book.
> 「その本を読むつもりだ」

"Maybe you should talk to your boss."
「上司に相談した方がいいですよ」

"You should take off some weight."
「ダイエットしたらどう」(体重をいくぶん減らすといいと思うよ)

　相手に対する助言ではなく「私たちが一緒に〜したらどうか？」と言いたい場面もあります。「提案」ですね。たとえば「みんなで飲み会やろう」とか「ちょっと休憩しましょう」と言ったりする場合です。

　shouldを使って言うこともももちろんできますが、もうひとつ別の言い方を使えるようにしておくと表現に幅が出せますね。**「一緒に〜しようよ」と言いたいときには** Why don't we + 動詞…や Why not + 動詞…を使いましょう。

"Why don't we have a get-together?" または **"Why not throw a party?"**
「みんなで飲み会をやりませんか」

"Why don't we take a break?" または **"Why not have a break?"**
「ちょっと休憩しましょう」

【道案内】
pleaseは使わなくていい

　近年、日本を訪れる外国人観光客の増加ぶりには、目を見張るものがあります。政府は2020年までに年間4000万人もの外国人旅行者を迎え入れようと目標を掲げ、世界にアピールしています。会議、展示会、商業イベントなど国際的な催しの誘致も盛んですし、東京オリンピックも開催されます。あなたが外国人と接する機会も増えてくるかもしれません。**たとえば、不意に道を聞かれることもあるでしょう。**そんなとき、英語でスマートに教えてあげられたらいいですよね。練習してみましょう。あなたは今、東京のお台場にいます。外国人カップルが近寄ってきました。

"Excuse me. Could you tell us how to get to Ginza?"

　あなたが聞き取れたのは、Excuse meとCould youとGinzaだけでしたが、全然問題ありません。このカップルが銀座に行きたいのは一目瞭然です。目の前が、モノレールゆりかもめ「お台場海浜公園」駅です。さあ、どう説明したらいいでしょうか？　細かいところにこだわっていると、説明が最後まで行き着きません。**必要最**

小限だけの説明を心がけてください。

"Ginza? OK.
「銀座？　わかりました。

First, take the train to Shimbashi.
まず、電車に乗って新橋へ行ってください。

At Shimbashi, you change trains to Ginza Line.
新橋で銀座線に乗り換えてください。

You get off at Ginza, the first stop."
最初の停車駅、銀座で降ります」

　簡単でした。**ポイントは命令文で言うことです。**ときどきYouを文頭に付けてもかまいませんが、それでも命令文です。**頼んでいるのではないので、基本的にpleaseなどは付けません。**

　実際には逆方向の電車に乗ってしまわないようにとか、乗り換えの新橋駅で迷わないようにとか、もっとアドバイスをしてあげたいかもしれません。が、**あれこれ細かく言いすぎても相手が覚えきれません。**ここまで教

えてあげられたら十分です。そうこうするうちに、別の外国人の一団が、あなたをめがけてまた歩み寄ってきましたよ。若い3人組の女性です。

"Excuse me. We're going to Harajuku, but we don't know how to get there. Could you tell us the way?"

　あなたが聞き取れたのは、Excuse me と Harajuku と don't know と Could you と the way のところだけでした。それでも、全然問題ありません。**相手はあなたに込み入った政治・経済上の意見を聞いているわけではないのですから。**

"How to get to Harajuku? No problem.
「原宿への行き方ですか？ 簡単ですよ。

Take this monorail to Shimbashi Terminal.
このモノレールに乗って新橋まで行ってください。

You get off at Shimbashi, and then walk to JR Shimbashi Station.
新橋で降りたら、JRの新橋駅まで歩いてください。

Take Yamanote Line to Harajuku.
山手線で原宿駅まで行きます。

Yamanote Line is colored green, so it's easy to find.
山手線は緑色の電車ですから、すぐわかります。

It'll take about 25 minutes."
だいたい25分くらいかかります」

　どうですか？　なんとかなりそうでしょう？　**固有名詞は何度も言ってあげると相手が把握しやすい**です。上の例でも、Shimbashiが3回、Yamanoteが2回出てきます。電車の乗り換えのときには、路線図（と車体）の色を言ってあげたほうがわかりやすいと思います。

　「簡単です」はNo problem. **Noを「ノー」と言わないように。正しい発音は「ノウ」です。**
　新橋駅は、JRが東海道線・常磐線（上野東京ライン）、総武線（快速）、横須賀線、京浜東北線、山手線、そして地下鉄は銀座線、都営浅草線などが乗り入れていますから、日本人でも初めての人は面食らう所です。あなたに教えてもらった外国人のグループは、おそらく新橋で道に迷って、また人に聞くことになるでしょうが、それは

図22 覚えておくと便利！道案内の必須語彙1

電車を利用する	電車に乗る
take the train	**get on the train**

電車を降りる	電車を乗り換える
get off the train	**change trains**

〜まで歩く	○分で着く
walk to 〜	**it'll take ○minutes (to get there)**

それでいいのです。あなたがそこまで完璧にガイドする必要はありません。

　道案内では、地上でどういうルートで目的地まで歩いていくかを教えなければならないことも多いでしょう。それもおさらいしておきましょう。

Go straight along this street.
「この通りをまっすぐ行ってください」

　alongの代わりにup/downも使えます。この場合のup/downは「〜に沿って」の意味で垂直方向の動きではありません。

Turn left at the first traffic light(s).
「最初の信号を左に曲がります」

　交差点ならintersection、角ならcornerです。

Go over the bridge.
「橋を渡ります」

Go past Starbucks.
「スターバックスを通り過ぎます」

You can see the theater on your right.
「その劇場は通りの右側にあります」

　on the right（あるいは The theater is on your right.）でも OK です。

You can see the museum across from the City Hall.
「その美術館は市役所の向かいにあります」

　across from の代わりに opposite でも OK です。
　(The museum is across from the City Hall. でも OK です)

　このくらいのパターンを覚えておけば、なんとかなります。どうしても困ったら、地図を描いて渡せばいいのです。

Let me draw a map for you.
「地図を描いてあげましょう」

　地図を「描く」のは write（書く）ではなく draw（描く）です。注意。

図23 覚えておくと便利！道案内の必須語彙2

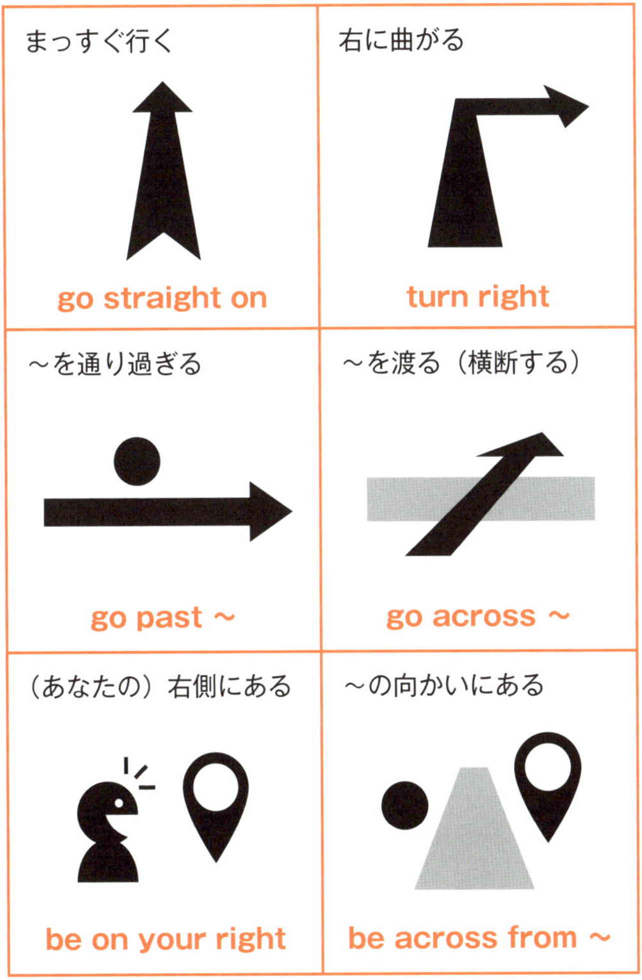

まっすぐ行く	右に曲がる
go straight on	**turn right**
〜を通り過ぎる	〜を渡る（横断する）
go past 〜	**go across 〜**
（あなたの）右側にある	〜の向かいにある
be on your right	**be across from 〜**

【数字】
渋谷109は one-zero-nineとは読まない

通りを歩いていたら、知らない外国人から、

"Do you have the time?"

と聞かれました。「おヒマだったら、ワタ〜シと遊びませんか？」とナンパされた（誘われた）と、てっきり思ってしまった知人の日本人女性がいますが、そうではありません。自分を見失わずに、落ち着きましょう。

この英語は「今、何時だかわかりますか？」という意味で、現在時刻を聞いています。**もし「暇ですか（時間ありますか）？」なら、(theの付かない) Do you have time? と言います。**

かりに今、午前9時45分だとしましょう。英語で何と返事をすればよいでしょうか？

"Yes, it's nine forty-five."
「えっと、9：45」

これでいいです。ただし、**fortyのところは「ラ変」の**

ルールですから「フォーリー」という発音になるのでしたね。It's a quarter to ten.（10時15分前）という言い方を、学校で習った人もいると思います（quarterはクワーラー）。でも、とっさに出てこないでしょうから、上の簡単な言い方で良いと思います。

では、12時7分だったら何と言いますか？

It's twelve oh-seven.
「12：07」

と言います。12:07 p.m.の**07は、zero-sevenではなくて、oh-sevenと読みます。**時刻に限らず、たとえば、渋谷東急109（マルキュウ）は、one-oh-nineと読みます。10：9でten-nineと読んでもいいでしょう。丸井は０１０１（マルイマルイ）ですから、oh-one-oh-oneです。

正午はtwelve noonと言います。深夜零時なら**twelve midnight**です。年号は2016年なら、two thousand (and) sixteenかtwenty sixteen。1992年ならnineteen ninety-twoです。19と92のように、2ケタずつで区切ります。

【接客】
物を渡すときは"Here you are"と言う

あなたが店員、つまり迎える側だとして、その応対をちょっと練習してみます。あなたは店員さんです。まず、どんなふうに声をかけますか？

あなた：**"May I help you?"**
「いらっしゃいませ」（何かお手伝いいたしましょうか？）

お客　：**"I'm just looking, thank you."**
「ありがとう、見ているだけです」

あなた：**"If you need any help, let me know."**
「何か御入用の物などございましたら、お知らせください」

お客　：**"When does the store close?"**
「このお店は何時に閉まりますか？」

あなた：**"We close at 9."**
「9時閉店でございます」

毎日の定まった時刻ですから、**close は現在形**にします。**主語を We にするところもポイントです。**the store「このお店は」と聞かれているので「お店」で答えてしまいそうですが、「私たちのこのお店」という意味で主語は「人」です。

お客　：**"Where's the menswear department?"**
　　　　「紳士服売り場はどこですか？」

あなた：**"It's on the fifth floor. Go straight on and take the escalator."**
　　　　「5階にあります。まっすぐ行ってエスカレーターに乗ってください」

お客　：**"Do you have this jacket in a larger size?"**
　　　　「このジャケット、もっと大きなサイズはありますか？」

あなた：**"Yes, here you are."**
　　　　「はい、こちらです」

　もし手元にない場合には、

あなた：**"Let me check. I'll be right back."**
「ちょっと調べてみます。すぐに戻ります」

　Here you areは、物を手渡すときに添える言葉です。「はい、どうぞ」「これです」という感じです。小さなフレイズですが、日常生活で頻繁に使いますから覚えておいてください。

お客　：**"Can I try this on?"**
「試着してもいいですか？」

あなた：**"Sure. Right this way, please."**
「もちろんです。こちらへどうぞ」

　または、お客さんが次のように言うこともあります。

お客　：**"Where's the fitting room?"**
「試着室はどこですか？」

　試着室は the fitting room の代わりに the dressing room とも言います。**OKと言いたいときは、Sure. がいつでも使えて便利です**（OKと言ってもかまいません）。ところで、お客さんはこのジャケットが気に入ったようですよ。

お客　：**"How much is it?"**
　　　　「これはおいくらですか？」

あなた：**"It'll be seventy-five thousand, six hundred yen, including tax."**
　　　　「税込みで7万5600円です」

　英語では数字は小数点から3ケタずつで区切りますから、「75千6百円」という表現になります。日本語は4ケタ区切りですから慣れるまではむずかしいかもしれません。including（インクルーディング）は「〜を含んで」という意味です。
　さらに店員のあなたは、現金払いなのか、クレジットカード払いなのかを尋ねなければなりません。あなたはどう言いますか？

あなた：**"Will that be cash or charge?"**
　　　　「現金払いになさいますか、それともクレディットカード払いですか？」

　カードの場合はchargeという語を使います。覚えておきましょう。このような流れを頭の中に入れておけば、買物客への接客が楽になりますね。

図24 覚えておくと便利！数字にまつわる必須語彙

数字の単位

3ケタごとに呼称が変わる。

100	one hundred	100万	one million
1000	one thousand	1000万	ten million
1万	ten thousand	1億	one hundred million
10万	one hundred thousand	10億	one billion

小数点以下の数え方

小数点以下は数字を1つずつ読む（日本語と同様）。

3.14 = three point one four

分数の読み方

$\dfrac{1}{3}$ = **one third** または **a third**

$1\dfrac{5}{8}$ = **one and five eighths**

- 分子を先に、分母を後に言う。
- 分子は基数（one, two, three…）、分母は序数（first, second, third…）で言う※
- 分子が2以上のとき、分母は複数形になる。

例 2/3＝two thirds

※ **例外** 分母が2のときはsecondではなく "half"（分子が2以上なら複数形のhalves）と言う。
分母が4のときはfourthではなく "quarter(s)" と言う。

5日目 語順のまま聞き・理解する

英語を制する「最強の語順」を体得する

　前の節では、あなたが言いたいことを、すでに形式が決まっている英文にあてはめて、発言する方法を見てきました。たとえば「～していただけませんか？」は、**Could you＋動詞…？** にあてはめることなどを学びましたね。

　この「定型構文にあてはめる」作戦はそれなりに有効なのですが、あなたの言いたいことがこの方法ですべて満たされるわけではありません。

　ある程度自由な表現をしたいなら、やはり**基本の基本は固めておかなければなりません。それはずばり「英語の語順への理解」です。**母国語である日本語を例に取って説明していきましょう。

　日本語は「**AはBだ（Bです）**」「**AはBする（Bします）**」の構造から成り立つ言語です。構造なんて大げさなものではありませんが、「**Aは**」が話題語で、「**Bだ**」「**Bする**」のところが述語です。小学校高学年のとき、『口語文法』をやった人もいるかもしれません。Bのところには、名詞（人や物などを表す言葉）、形容詞（「赤い」

「大きい」など状態を表す言葉）、または動詞（動きを表す言葉）が来るのでした。

> 1. 長崎は、雨だった。
> 2. マンゴーは、好きだ。
> 3. 今日の昼は、きつねうどんです。
> 4. 先週は、酒を飲みすぎました。
> 5. 明日は、面接です。
> 6. お金は欲しくないと、太郎は言っている。
> 7. お姉ちゃんは、風邪です。
> 8. 犬は、四本足だ。
> 9. 保育園は、今作っている。

日本語は**AはBだ**の形でいろいろなことが言えますね。

　日本語では「AはBだ」の形でいろいろなことを言い表すという事実は、日本人にとってはあたりまえの常識です。**しかし、上の9つのごくごくやさしい日本文が、外国人にとってはものすごくむずかしい**のです。なぜでしょう？

　ルールがゆるすぎるからです。「Aは」と「Bだ」の関係は「主語（動作の主体）——述語」になっている場合もあれば、「目的語（動作の対象）——述語」になっている場合もあって、そもそも主語が日本文の中に明示されていない場合も多いのです（上の1～9までの日本文をも

う一度よく見てください)。

　いつでも主語から文を始める言語(＝英語)圏の人にとっては、そこがすごくむずかしく感じるらしいのです。

　後でこの9つの日本語に戻ってきますが、今は先を急ぎましょう。日本文の基本的な語順は「AはBだ」でした。それと同じ意味で、英文の基本的な語順は何ですかと問われたら、

| **Aが**(は)
主語(名詞) | ＋ | **Cする**
述語(動詞) | ＋ | **Bを**
目的語(名詞) |

と答えます。たとえば、

1. **We play soccer.**
2. **My sister passed the salt.**
3. **The typhoon will hit the Kanto area.**

などはみんな「Aが＋Cする＋Bを」の並びになっています。

1．私たちは＋します＋サッカーを。
2．妹が＋渡しました＋お塩を。
3．台風は＋襲うでしょう＋関東地方を。

ですから、もう一度言いますが、

> 英語の語順は
> **Aが(は)CするBを**
> なのです！

この語順に単語を並べて喋る限り、発音が正しければ、意味は必ず相手に通じます。これこそが"最強の語順"です。ぜひ体得してください。

なお実際には「Aが（は）」＋「Cする」＋「Bを」だけで文が終わることは少なく、その後ろに**「付けたし情報」として「いつ」や「どこで」を表す言葉（前置詞＋名詞など）が付くことが多い**です。

1. We play soccer in the playground on Sundays.
日曜日に、校庭で、私たちはサッカーをします。

(in …と on …が、前置詞＋名詞)

2. My sister passed the salt to our guest.
お客さんに、妹はお塩を取ってあげた。
(to …が、前置詞＋名詞)

3. The typhoon will hit the Kanto area in the evening.
今晩、台風が関東地方を襲うでしょう。
(in …が、前置詞＋名詞)

　3番目の文は、人間が出てこないので主語は「台風」ですが、原則として英語では「人間」を主語にすることも心がけてください。**主語は人間です**。

　ここで、とても大きな問題にぶちあたります。あなたが英語を喋るうえでの巨大で根本的な問題です。よく考えてみてください。日本語の語順は「AはBだ」でした。一方、英語の語順は「AがCするBを」でした。**比べてみると明らかな違いが2つあります。**

　1つ目は、**文を構成する要素の数が合わない**ということです。つまり日本語ではAとBの2つ。一方、英語では「Bを」も必要ですから3つです。2つ目は、**英語の述語部分「Cする」が必ず動詞であるのに対し、日本語**

図25 日本語と英語の基本構造 決定的な違いとは？

日本語の語順

Aは	Bだ
主語	述語

ここには **名詞・形容詞・動詞** が入ることができる

英語の語順

Aは	Cする	Bを
主語	述語	目的語

ここに入ることができるのは**動詞のみ**

英語の場合、必ず**目的語が要る**

ここから言えることは…

1 英語では必ず動詞を1つ使わなければならない。

2 英語ではいつも「〜を」を意識し、言い忘れてはならない。

この2点は心に刻み込んでおいてくださいね。

の述語部分「Bだ」は名詞・形容詞・動詞だということです。

この2点は心に刻み込んでおいてくださいね。

「これはペンです」が孕む大問題

ここまで読んできたあなたは、心の中に疑問が生じたかもしれません。それはおそらく、次のような疑問でしょう。

――中学1年生で最初に習った英文はThis is a pen. だった（This is Japan. の人もいます）。これは「英語の文ではいつも"Bを"を言わなければならない」という鉄則と矛盾するのでは？――

This is a pen. は「名詞（は）＋動詞＋名詞（を）」ですから、語順という点ではちゃんとThis（名詞）is（動詞）a pen（名詞）になっています。しかし、意味の点では「Bを」の部分がa penであり「ペンを」になりません。

このThis is a pen. の文は、いったい何なのでしょうか？　isというのは、どういう意味なのでしょうか？

結論を言えば、isは一応「動詞」です。「be動詞」と呼ばれていることは、皆さんも重々ご存じのはずです。**be**

動詞は「イコール（＝）の状態で存在している」というような意味で用いられます。大ざっぱには、左辺＝右辺（等式）の関係を表すと言っていいでしょう。つまり、This ＝ a pen　の関係です。

　しかし、This is a pen.の日本語訳を「ペンという集合の一つとして（a pen）、これは（This）今存在しています（is）」とするのでは長ったらしく鬱陶しいので、単に「これはペンだ」と言ってしまいます。その結果、**日本語訳（これはペンだ）からは動詞がなくなってしまった**のですね。

　さらにA is Bの文は、Bの部分にa penのような名詞だけでなく、形容詞を置くこともできます。

Marilyn is **beautiful.**　　　マリリンは、**美しい**。
Taro is **stupid.**　　　　　　太郎は、**アホだ**。
Japanese people are **polite.**　日本人は、**礼儀正しい**。

　これら3つの文もまた、**英語ではbe動詞がありますが、対応する日本文では動詞がなくなってしまっています。**ここなのです、大変困った問題というのは。

　先ほど、日本語の文構造は「AはBです」であると言いました。一方、英語の文構造は「AがCするBを」で

あるとも言いました。でも、その点ではbe動詞の英文は英語らしくない、というか日本語に近いです。

英語らしい英文というのは、たとえばTom loves Mary. のような文です。Tom is kind. のような**「AがCするBを」になっていないbe動詞文は、英語では「例外文」**です。その点でbe動詞文は主流派ではありません。

ところが、このbe動詞文は、日本語の語順とは極めて相性がいいのです。もしA is Bという英文が出てきたら、そのまま「AはBです」と訳せば意味が通ってしまいます。

このことが、あなたの喋る英語に関してどんな問題を生み出すかというと、be動詞文「A is B.」→日本語「AはBです」に変換する方向でまったく問題がありませんが、逆の方向の変換をしようとすると大いに問題が生じてしまうのです。先ほど、9つの典型的な日本文を提示しました。もう一度、見てみましょう。

1．長崎は、雨だった。
2．マンゴーは、好きだ。
3．今日の昼は、きつねうどんです。
4．先週は、酒を飲みすぎました。
5．明日は、面接です。
6．お金は欲しくないと、太郎は言っている。

7．お姉ちゃんは、風邪です。
8．犬は、四本足だ。
9．保育園は、今作っている。

　1〜9まで「AはBだ」の日本文になっています。これを「A is B」のbe動詞文にして、正しい英文になるか否か判定してみましょう。

1. Nagasaki was rain. → ×
2. Mangoes are I like. → ×
3. Today's lunch is Kitsune Udon. → ×
4. Last week was drank too much. → ×
5. Tomorrow is the interview. → ×
6. Money is not Taro wants, he says. → ×
7. My sister is a cold. → ×
8. Dogs are four legs. → ×
9. A nursery school is now building. → ×

　全滅です。全部が間違い英語です。英語とは言えないくらいひどい出来です。以下に、正しい英語を掲げますから、比べてみてください。

1. It was raining in Nagasaki.
2. I like mangoes.

3. I'm going to have Kitsune Udon for lunch today.
4. I drank too much last week.
5. I'm having an interview tomorrow.
6. Taro says that he doesn't want money.
7. My sister has a cold.
8. Dogs have four legs.
9. They are building a nursery school now.

　というわけで、心に銘記しておかなければならない結論が出たようです（図26参照）。

日本語に翻訳するのはやめなさい

　だとしたら、あなたが言いたいことはどうやって英語にしたらいいのでしょうか？　その答えはこれです。

＜英語を喋るときの万能ルール＞
①まず、名詞［人］＋動詞＋名詞と並べる。
②その後、必要に応じ前置詞＋名詞などを付け足す。

　これをあなたの英語の基本にしてください。それでは、さっそく次の会話を英語で言ってみましょう。同僚のアメリカ人が、昨晩の宴会についてあなたに聞いてい

図26 「AはBだ」の和訳は簡単でも「A is B」の英訳は難しい

「A is B」の英文は「AはBだ」の日本文に違和感なく和訳できる。

◎ **Marilyn is beautiful.**
▼
マリリンは美しい。

しかし、「AはBだ」の日本文が「A is B」の英文に英訳できる例は少ない！

✕ **長崎は雨だった。**
▼
Nagasaki was rain.
正しくは It was raining in Nagasaki.

> 「AはBだ」「AはBです」などの典型的な日本文を、英語の **"A is B"** にむやみに変換してはいけません。

Bが形容詞のときと形容詞に近い名詞（職業・肩書など）以外のときは無理。

ます。

　同僚：昨晩はどうでしたか？
　あなた：宴会は大いに盛り上がりましたよ。
[ヒント] ①主語は「人」にすること。②「宴会＝盛り上がる」の文にしないこと。

　言えましたか？「宴会は大いに盛り上がった」にはいろいろな言い方があるので複数のパターンを載せましたが、いずれも主語を「人」にするのがポイントです。

同僚　："How was last night?"
あなた："We had a great time at the party."
　　　　"We had a lot of fun at the party."
　　　　"We enjoyed ourselves a lot at the party."
　　　　"We enjoyed the party a lot."

　日本語の文を土台にして、それをそのまま英文へ翻訳しようとすると、どうしてもうまくいきません。日本文の構造は「AはBだ」であり、英文の構造は「AがCするBを」なので、そのまま置き換えるとたいていは不自然で意味のわからない英文になってしまいます。
　したがって、このような「英作文作戦」（瞬間的和文英訳作戦）は失敗してしまいます。英語を話そうとするとき、**1つ1つの日本語を頭に浮かべ、それを順次英訳し**

て口に出して言う方法ではダメだということです。

「英語専用回路」が完成する瞬間

　もう1つ、この「英作文作戦」がダメな理由は、脳のエネルギー的に不可能だということです。脳のエネルギーとは、あなたの脳の処理のキャパ（容量）のことです。

　相手の英米人が英語だけですべてを処理しているのに、あなたが日本語と英語の間を、同時通訳者のように行ったり来たりを頻繁に繰り返していたら、あなたの脳はオーヴァーヒートしてしまうでしょう。英語で数時間ぶっ通しで論議する、などということは到底できません。

　英米の大学（院）で勉強したことのある人はわかると思いますが、あちらの授業は日本の大学とは違い、教授と学生の討論で進んでいきます。**あなただけ、すべての出席者の言うことを頭の中で日本語に切り替えて理解して、その後自分の意見を日本語から英語に変換して発言しようとしていたら、とても討論に加わることはできません。**そして、発言をしない人は容赦なく置き去りにされます。誰もあなたが何か言うまで辛抱強く待っていてはくれません。

　そこで日本から来た学生は、挫折するか／乗り越える

かの分かれ目を迎えます。乗り越えた人なら皆、**あるとき突然に自分の英語力が「臨界点」を迎えた経験があるはずです。**日本の学校教育では英語を日本語に訳すのを「英語」と呼んでいますが「**そんなことをしていたらいつまで経っても討論のスピードについていけない、どうしたらいいのだ!?」とパニックが沸点に到達する**———それが「臨界点」です。

　その瞬間、**英語を英語のまま、日本語の文字の助けを借りずに理解する方向にポ〜ンと飛び出る**のです。日本語を忘れる、と言ってもいいでしょう。そもそもネイティヴは、誰一人として日本語の手助けを借りて英語を理解などしていないのですから、同じようにすればいいだけなのだと悟るのです。簡単な話です。ネイティヴこそ英語運用のプロですから。

　日本語を忘れて英語だけで処理するとは、どんな感覚でしょうか？　補助輪を付けなければ乗れなかった自転車が、補助輪なしで乗れるようになった感覚に似ているかもしれません。あるいは、浮き輪なしでは溺れると思っていた子が、浮き輪なしでも泳げるようになった瞬間にも似ています。

　これまでどんなに苦労してもできなかったことが、ある一線を越えた瞬間に急にできるようになって、世界が一変するあの感覚。そして、ひとたび向こう側に入った

ら、これまでできなかったのが不思議なくらいにあたりまえにできるようになるのです。

臨界点を超えた人は、**英語を喋っているときはもう日本語の語句は忘れています**。耳から入ってくる英語を英語のまま理解し、言いたいことを英語で考えてそのまま口から発する。脳が作業を英語だけで処理し、英語の世界だけで完結しています。

あなたが目指す最終地点は、そこです。でも、それはまだまだ遠い先。マラソンで言えば、今はまだ5キロメートルの地点で、あと37キロメートルの道のりを走らなければなりません。

でも**日本語を忘れる境地こそが最終ゴール**だということは、心に銘記しておきましょう。頭の中で英語⇔日本語を行ったり来たりしている限り、どんなに脳を高速回転させてもネイティヴと長時間の議論などできません。いつまで経ってもネイティヴの実力には届きません。

英語のままに理解する「映像想起法」

私の経験からすると、頭の中で日本語⇔英語を忙しく行き来する「瞬間的英文和訳路線」と「瞬間的和文英訳路線」が、ダムが決壊するかのごとくガラガラと崩れ落

図27 あなたが目指すゴールは英語で考え・話せるようになること！

ち、**英語を英語のままに理解できる新たな流れが生まれるのは、まずリスニングにおいて発生し、しばらく経ってスピーキングでも起こる**ような気がします。

　サッカーでもぐんぐんゴールに向かう動きのあるチームと、自陣でぐるぐるボールをつないで回しているだけのチームとがありますね。「英米人のように英語を喋り、聞く」のが最終ゴールだとすると、そのゴールに向かう動きをどうやって作り出せばいいでしょうか。

　ゴールのほうから近づいてくることはありません。あなたがこれから進むべきは、**まずリスニングにおいて「徐々に日本語の手助けを少なくする」「日本語から遠ざかっていく」**という方向です。

　流れてくる英語を音としてリアルタイムに聞きながら、**頭の中で英文として並べ、それを和文に変換し、和文の意味をつかむことで理解していくという方法にはどうしても無理があります。**日本語と英語の語順とが、ほとんど逆だという致命的弱点もありますから。

　長い修飾語句は英語では述語動詞の後ろに回りますが、日本語では述語よりも前に来ます。この点で語順が逆です。しかも、書き言葉と違い、話し言葉はその場でどんどん消えていきますから、**後ろから前に戻って訳し上げるなどという方法は、時間の流れに反逆する方法ですからとうてい無理です。**タイムラグなくスムーズにコ

ミュニケイションを成立させるには、英語が聞こえた瞬間に、聞こえたままに理解して反応するしかないのです。

　でも、ここで反論が出そうですね。「同時通訳の人はまさに、瞬間的に日本語と英語の間を行ったり来たりしているのではないか」と。同時通訳者は特別な修業を積んだ技術者であり、大いなる無理をして英語を日本語に置き換えていきます。その人工的で不自然な努力を伴う作業に対して、お金をもらっているのです。
　それでも、その方法では20〜30分も経たないうちに神経をすり減らし、脳の体力が限界を迎えてしまいます。ですから、同時通訳者は２〜３人のチームを作って交替で通訳するのです。

　さて「英語が聞こえた瞬間に、聞こえたままを理解する」には、具体的にはどうすればいいのでしょうか？
英語の音が耳から入ってきて、頭がその音の意味するところを理解するには、以下の２つのルートがあります。

ルート１：
英語の音　⇒　対応する日本語の語句・文　⇒　理解

ルート2：
英語の音　⇒　対応する映像・情景・絵　　⇒　理解

　簡単に言えば、上のルート1が「英文和訳路線・同時通訳路線」であり、ルート2があなたが進むべき道です。たとえば、

Pam hit the boy in the living room.

　という英語の音が聞こえたときに「リビングで、パムがその少年を叩いた」と和訳するのではなく、**英語の音が表すその情景を1枚の絵として脳のスクリーンに思い浮かべる**のです。つまり、あなたの頭の中には「日本語の語句」ではなく「1枚の絵」が存在することになります。

　「日本語を使って意味がわかる前に、どうして情景を描くことなどできようか？」と疑問に思う人がいると思います。その人は、

Aが・Cする・Bを＋（前置詞＋名詞）

を思い出しましょう。初めにPamと聞こえたときにPamの映像が頭に浮かびます（女児・もしくは大人の女性）。hitと聞こえた瞬間に「過去」の動作だとわかりま

図28 「映像想起法」で英語を聞こえた語順のままに理解する

Pam…	
Pam hit…	
Pam hit the boy…	
Pam hit the boy in the living room.	

す（現在形ならhitsです）。叩いたり、殴ったりという動作の映像が頭に浮かびます。the boyのイメージについても同様です。

この語順から、Pamが加害者でthe boyが被害者だということも瞬時にわかります。in the living roomのところでは、居間の情景が頭に浮かべばOKです。

そういう過程を経ることによって、あなたの脳には「居間で、パムが少年を叩いた」という１枚の絵が瞬時に形成されます。それこそ「意味が了解された」ということです。日本語の文字は要りません。

抽象的な内容の英語を聞いたときも、意味の了解の過程は同じです。

Deflation hit Japan in the 1990s.
デフレが→襲った→日本を→1990年代に

さっきのパムの英語とこの英語とは、リスニング理解の手順は同じです。まず、Deflationが聞こえた瞬間にデフレの状況（右肩下がりの経済成長グラフや物価がどんどん下落しているイメージ）を思い浮かべ、hitのところでそれが台風や津波のように襲いかかってくる様子を思い浮かべ、Japanが聞こえたらそれに呑み込まれそうになっている日本列島、最後にin the 1990sのところで1990

年代のことだとわかり、1つの「映像」が完成します。

英米人が首を傾げる日本人の「be動詞」好き

さて、英語でコミュニケイションするときに取るべき道は「徐々に日本語の手助けを少なくして、日本語から遠ざかっていく方向だ」と言いました。そして、リスニングにおいて何をすべきかを今、見てきました。では、次にスピーキングにおいては何をしたらいいのでしょうか？

文にならないような短い反応の場合は、その英語表現を丸暗記しておけば、特に日本語をあなたの脳に浮かべなくとも十分に英語で言うことができます。たとえば、

"Cherry blossoms are really beautiful."
「桜の花ってほんときれいね」

と相手が言ったとします。これに対して「相づち」を打つのなら、

"I know." とか **"Yeah."**
「そうだね」

図29 覚えておくと便利！英語の相づち表現いろいろ

😀	**Sure.** そうだね	😮	**Exactly.** その通り
😌	**Absolutely.** まったくそう	😄	**I got it.** わかった
😉	**Great.** いいね	😲	**That's amazing.** すばらしい
😆	**Awesome!** いいじゃん！	😯	**Really?** ほんとに？
😝	**Are you kidding?** ご冗談でしょ？	😨	**That's incredible.** 信じられない
😫	**That's terrible.** ひどい…	😗	**Probably.** たぶんね
😵	**Oh, my God.** なんてこった	😬	**Wow** ワオ！

と言えばいいだけです。いちいち「まったくだ」「その通り」「言えてる」「同感」などの日本語を思い浮かべて、それに対応する英語を探すなどという手間のかかることをする必要はありません。**あなたの脳の「相づち表現」という箱の中に、いくつか英語の語彙を入れておけばいい**だけです。

"(Do you) want to have a break now? "
「一休みしたい？」

　と相手が聞いてきたときも "Why not?"「そうしよう」とか "Good idea."「いいね」と言えばいいだけです。これは条件反射のようなものですね。

　もう少し複雑な内容を表現したいときには文にしますが、それは **A（人）が・Cする・Bを** の形の文（最強の英語文型）です。「あなたの力が必要です」と言いたいのなら "I need your help." つまり、

I + need + your help
私が・必要とする・あなたの手助けを

　と並べればいいだけです。あなたが作るべき文は、決して It is necessary for you to help me. とか Your help is needed. ではありません。**be動詞を使わず普通の動詞を用い、人間を主語にして文を作る**のです。

　学校時代に**「仮主語構文」「形式主語構文」**などと呼ばれる文の形を習ったと思います。**It is 形容詞＋for 人＋to 動詞….** や **It is 形容詞＋that 文．** のことですが、それらはほとんどが**書き言葉ですから、会話のときには避けたほうが賢明**です。

　日本に来た英米人は異口同音に「日本人はbe動詞を不自然なまでに使いすぎる」と言います。たぶん「AはBです」を"A is B."と翻訳してしまうからです。**今後は極力、be動詞を使わないように心がけながら、英語を言うことにしましょう。**それが、あなたの英語をネイティヴの喋るような自然な英語に近づける近道です。

図30 極力be動詞は使わずにネイティヴの表現に近づこう

会話では避けたほうがいい書き言葉の表現（例）

❌ **It is dangerous for you to climb that mountain in winter.**
あの山に冬に登るのは危険だ。

より自然な会話文にするなら…

◎ **You shouldn't climb that mountain in winter.**
あなたはあの山に冬に登るべきではない。

いつも **AがCするBを** の文型で言えないか考えてみましょう。

6日目 カタカナ語はまず疑う

爆撃機は「ボンバー」ではなく「バマー」

　想像してみてください。あなたは小学5年生です。今は4月の新学期。今日から英語を習います。希望に胸を膨らませて、初めての英語の授業に出てみると、日本人の英語教師がこんなことを言っています。

　皆さん、英語は日本語とは語順が違いますよ。英語の語順は記号で書くとSVO。Sは主語の名詞で、意味は「～は」。Vが動詞で、意味は「～する」。Oが目的語と呼ばれる名詞で、意味は「～を」です。

　言っていることは間違っていません（初日にこんな退屈な説明をしないでほしいですが）。しかし、この先生はこの短い説明をする最中に、4つも発音の間違いを犯してしまいました。Vを「ブイ」、Oを「オー」、Aを「エー」、Cを「シー」と発音していたのです。正しくは、**Vは「ヴィー」、Oは「オウ」、Aは「エイ」、Cは「スィー」**と発音しなければなりません。この先生ならおそらくDも「デー」と言ってしまうでしょう。はたしてこの先生の下で、今後も英語を習い続けてもいいので

しょうか？

　どうしてプロの英語教師がこのようなごくごく初歩の発音の間違いを、あろうことか英語の教室内で繰り返してしまうのか、私は不思議でなりません。もしかすると、TVの元気ドリンクのCMが脳に刷り込まれてしまっているのかもしれません。アリナミンA！　オロナミンC！　リポビタンD！

　日本語化している英語の音は、ほとんどすべて間違いであると言っても過言ではありません。それでも、日本語にもともと存在しない音であれば、日本にその語を輸入したときに音が変わってしまうのは仕方のないことです。

　たとえば、bath（お風呂）の母音のaは「カエルのア」ですが、日本語にはない音ですからふつうの「ア」に置き換わります。子音のthも日本語にはない音ですから、いちばん近い「ス」に置き換えられます。その結果、お風呂のbathが、乗り物のbusと同じ「バス」の発音になってしまうのです。

　本来の発音のまま日本語に取り込めれば、日本人観光客が海外のホテルでa single room with a bus「観光バス1台付きの部屋」をリクエストすることはありません。ですが、日本語にそれを表す音がないので仕方がないと言えます。

でも、私が不思議でならないのは**日本語に対応する音があるのに、日本語に入ってくるとほとんどの英語が、原音とは違う音になってしまう**ことです。

　たとえば、premiumの発音は「プリーミアム」です。preのところは伸ばす母音の「イー」なのに、なぜか日本では「プレミアム」になってしまいます。あるいはbomber（爆撃機）という語があります。世界70億人の人々が皆「バマー」と発音しているのに、1億人の日本人だけがなぜ「ボンバー」と言わなければならないのでしょうか？

　「最初にその語を使った日本人が綴りをローマ字読みしたために、間違いが広まってしまったのだ」と言う人がいます。だとすれば、どうして「プレミ**ウム**」「ボ**ムベル**」にならなかったのでしょうか？

　ちょっと辞書を引いて発音を調べれば、発音記号も出ているし、現代の電子辞書ならば、ネイティヴが読み上げる音がそのまま出てきます。ということは、最初にその語を使った日本人が単に無精だっただけ？

カタカナ英語で間違える7パターン

　いずれにせよ、つい最近まで大部分の日本人は「英語音に対してほとんど関心がなかった」とは言えると思います。その結果、**巷には間違いだらけの英語音があふれ**

返っています。

　あなたの英語の発音を日本人以外にも通じるレヴェルにするためには、**日本語化した英語の音は最初から疑ってかかる、という態度が絶対に必要です。**発音をチェックするためだけに辞書を引く習慣も付けてほしいところです。

日本語化した英語の間違い音には、いくつかの決まったパターンがあります。以下に少しまとめてみます。

【間違いパターン１】
「オウ」が「オー」になってしまう

	正	誤
roast beef	ロウスツ・ビーフ	ロースト・ビーフ
Gold Coast	ゴウルド・コウスツ	ゴールド・コースト
Coke & donuts	コウク＆ドウナッツ	コーク＆ドーナツ
rowboats	ロウボウツ	ローボート

【間違いパターン２】
「ティー」が「チー」になってしまう

	正	誤
team	ティーム	チーム
steam	スティーム	スチーム

【間違いパターン3】
「スィ」が「シ」、「ズィ」が「ジ」になってしまう

	正	誤
Nancy	ナンスィー	ナンシー
season	スィーズン	シーズン
seatbelts	スィーベルツ	シートベルト
lazy	レイズィ	レイジー
pansy	パンズィ	パンジー

【間違いパターン4】
「th」が「ス」「ズ」になってしまう

	正	誤
theory	thの音は表記できません	セオリー
through	〃	スルー
leather	〃	レザー
smooth	〃	スムーズ

【間違いパターン5】
「ディ」が「ジ」「デ」になってしまう

	正	誤
credit	クレディッツ	クレジット
D	ディー	デー
candy	キャンディー	キャンデー
video	ヴィディオウ	ビデオ

【間違いパターン6】
「エイ」が「エー」になってしまう

	正	誤
May Day	メイデイ	メーデー
Communication	コミュニケイション	コミュニケーション
Sale	セイル	セール
J.F.K	ジェイ・エフ・ケイ	ジェー・エフ・ケー

【間違いパターン7】
「r」と「l」が混同してしまう

ロック	rock（岩）	lock（錠）
ロイヤル	royal（王室の）	loyal（忠実な）
ロー	raw（生の）	law（法律）
リバー	river（川）	liver（肝臓、レバー）

　ちょっと見ただけでもこんなにありました。**逆に言えば、これらの発音に注意をして磨きをかければ、あなたの発音が手間ひまかけずに飛躍的に向上する**ということです。

"toilet"は実は「トイレ」じゃありません

日本語化した英単語の間違いは音に限りません。意味の間違いもたくさんあります。本来とは**違う意味で使われている「輸入英語」（外来語）と、日本人が乏しい知識を駆使して造語してしまった「和製英語」は、来日する外国人を惑わすくせ者です。**ここでは網羅しませんが、代表的な間違いをいくつか見てみましょう。

❶ naive（ナーイーヴ）

本来の（正しい）意味は「人生経験が足りないために物事を軽く考えたり、他人をみんないい人だと信じ込んでしまう」というようなニュアンスです。「お宅のお嬢さんはほんとナイーヴですね」という表現は、日本では「純真で無垢な」みたいなほめ言葉ですが、**英語ではけなし言葉**になります。

❷ toilet（トイレッツ）

アメリカでの意味は「便器」です。Can I use your toilet? などとアメリカ人に聞くとびっくりされます。**「あなたの便器、借りてもいい？」**ですから。いくらなんでも露骨すぎやしないかい！

❸mansion（マンション）

　本来の（正しい）意味は、寝室が10部屋以上ありプールも付いていて、住込みのメイドもいるような大邸宅のことです。日本でmansion（マンション）が表す意味はせいぜい鉄筋の高層集合住宅でしょうから、**英語ではcondominiumかcondoと言います。**

❹charisma（カリスマ）

　本来の（正しい）意味は「他人を引きつけるような人間的魅力」「吸引力」のことです。日本では「〇〇界のカリスマ」などと言いいますから、(×) He is a charisma. などと言いそうですが、**He has charisma. が正しい用法**です。

❺pension（ペンション）

　本来の（正しい）意味は、国や企業からの「年金」です。日本的では、隣の客室との間の壁が薄くて音がみんな筒抜けになってしまうが、朝晩の食事は凝っているような個人経営の「プチホテル」を指しますね。**どうして年金が宿泊施設を指すのか**、英米人には意味不明です。

図31 ほかにもあります！間違いだらけの輸入英語・和製英語

輸入英語・和製英語の例	正しい英語
merit（メリット）	advantage
order-made（オーダーメイド）	custom-made
gasoline stand（ガソリンスタンド）	gas station
stove（ストーブ）	heater
salaryman（サラリーマン）	office worker
free size（フリーサイズ）	one-size-fits-all
vinyl（ビニール）	plastic
front（ホテルのフロント）	reception
guardman（ガードマン）	security guard
consent（コンセント）	outlet（米国）※
just（○時ジャスト）	○ o'clock sharp
talent（タレント）	entertainer
cooler（クーラー）	air conditioner

知ってるつもりの英単語が実は間違いだったなんてことも!?

※英国では「socket」

7日目 顔で話す

「ガンを飛ばしながら話す」のがマナー

　non-verbal communication（ナンヴァーバル・コミュニケイション）という語があります。body language（バディ・ラングウィッジ）という語もあります。これらは**「あなたが発する実際の言葉よりも、身振りや手振り、視線や表情、体の向きや対人距離、つまりあなたの一挙手一投足のほうが、コミュニケイションには重要だ」**ということを示すときによく引用されます。

　こうした動作は、ときにあなたも意図していない「暗黙の意味」を相手に伝えているからです。どんな動作がどんな意味になるかは、それぞれの文化によって解釈される意味が違います。

　言い換えれば、英語を喋っているとき（聞いているとき）、**あなたが取る無意識の動作・態度が、あなた本人が意図していない意味を、相手（外国人）に対して伝えてしまう恐れがある**ということです。

　日本人が特に誤解されそうな動作・態度は「視線・笑顔・冗句・沈黙・ウンスン（応答の声）・腕組み」でしょうか。

日本では相手の目をじっと見ることは、あまりしません。会議などでも不必要に視線を合わせすぎないように、お互い気を配っています。電車や酒場などの公共の場では見知らぬ人を凝視したりすると、それがケンカの種になることさえあります。

　ところが英米では、**人と会話をするときには、必ず目と目を合わせるというのが社会の暗黙の了解ごと**になっています。そうした文化で、あなたが日本式の視線の動かし方をすると、「変な人」と思われるのでしょうか？いえいえ、それ以上です。**「何かを隠している」「信用できない」「油断ならない」「自信がまったくない」みたいな評価になってしまう**のです。

　しかも、それははっきりと明白に下された評価ではなく、相手の心の潜在意識の中に無意識に形成される評価ですから、余計に怖いのです。あなたは相手に失礼のないように視線をそらしていたのかもしれません。しかし、**その善なる動機はまったく正反対の結果を生み出してしまう**のです。

　話しているときにずっと相手の目を見ているというのは、慣れないうちは落ち着かない気持ちになるかもしれません。しかし、それが英語文化では普通のことですから、相手は何も嫌な気はしません。ですから、会議などで誰かが喋っているあいだは、ずっとその人の目を見て

いてください。それは「話をちゃんと聞いていますよ」ということを示すサインでもあるからです。

最悪なのは、会議中に「両目をつぶって腕組みしている」行為です。提示された案件について沈思黙考しているのかもしれませんが、この行為は英語文化では、単に「居眠りをしている」と解釈されます。そもそも**「腕組み」自体があまり良くは解釈されません。**「自分の殻に閉じこもって相手を拒絶している」と受け取られるのがふつうです。

自分が発言するときにも、きちんと相手の目を見ます。会議などで大勢を前に発言するときにも決して前方の虚空を凝視したりせず、**出席者一人一人の目をゆっくりと順番に見ていく**のがいいでしょう。**相手の目を見ないプレゼンなど説得力ゼロ**です。

異性に対してはどうでしょう。英米に留学した日本人女子は「会話相手に見つめられただけで恋に堕ちてしまう」という説もあります。日本では異性からジーッと見つめられた経験がほとんどないので、男性からの視線にざわざわと胸騒ぎがして、そのときめきを恋心と勘違いしてしまうからというのです。あり得ない話ではなさそうです。

しかし、そこは慣れてもらうしかありません。そもそも、英米人は投げかけられる視線について、あまり自覚

図32 日本と英米では会議での聞き方のマナーが違う

日本の場合

なんで誰も聞いてないの!?

本人たちは真剣に聞いているつもり

- 頬づえ 視線をそらす
- 目を閉じる 腕を組む
- 資料ばかり見ている

英米の場合

ちゃんと聞いてくれているな

がないのです。**「見つめられている」とか「こんなに見ていて大丈夫かな」などと思うのは、日本人の自意識過剰**のなせるわざです。

　ですから1対1のときには喋るときも聞くときも、頑張って相手の目を見てください。それにより、あなたは誠実な人と相手から認識されます。

あなたの「ふつう顔」は女子大生を不安にさせる

　笑顔もまた、外国人との対人関係には非常に重要な要素です。そもそも、こちらは自分の英語力に不安を抱えているわけです。自分の真意が相手に伝わらないことも多いでしょう。**自分が有害な人間ではなく、善意の固まりの人であると相手にわかってもらうにはどうしたらいいでしょうか————まず笑顔です。**それしかありません。

　日本では、笑顔はオプションです。笑顔の爽やかな人、明るい表情の人は日本でも好まれますが、真面目な顔をしていても全然かまいません。というか、日本ではあまりニコニコしていると、「ニタニタしているんじゃない！」と怒られたりもします。しかし、**アメリカで生真面目な顔は「深刻さ」というネガティヴな意味を持つことが多いです。**

私にも経験がありました。ある日、私はマイアミ大学学生寮のエレヴェイターに乗っていました。寮といっても20階建てくらいの建物です。上層階が院生の一人部屋で、下層階が学部生の二人部屋だったと思います。

　自分の部屋がある上の階からエレヴェイターで降りる途中、一人のアメリカ人女子大生が乗ってきました。**狭い密室空間に異性と二人きり。私は彼女を不安にさせないよう、日本人としての極めて標準的な態度を取りました。**すなわち知らない人には話しかけない、ジロジロ見ない。

　ところがその女子大生のほうは、私をまじまじ見てこう言ったのです。

"You look so serious; what's the matter?"
「あんた、とっても深刻そうな顔してるよ。どうしたの？」

　「えっ……!?」という感じでした。**私はいつものように「ごくふつうの顔」をしてエレヴェイターに乗っていただけなのです。**特に何の悩みもなく、問題を抱えていたわけでもありません。しかし、この女子大生には、私のふつうの表情が異常なまでに深刻に見えたのでしょう。それで赤の他人の私にもかかわらず、つい指摘したく

なったのでしょうか。あるいは見知らぬ私に話しかけざるを得ないくらい、密室での沈黙が不気味だったのかもしれません。

その後、観察をするにつれて、わかったことがあります。**アメリカ人は目と目が合うと、必ずニコッとするのです。**赤の他人に対しても。お互いに、「あなたに危害を加える意思はありませんよ」と示すためでしょう。何しろ普通の庶民でも拳銃を持ち歩いている国ですから、この女子大生も、目と目が合ったときに私が笑顔も浮かべず、声もかけず黙り込んでいたので、すごく怖くなったのだと思います。謎の東洋人と二人だけの狭い密室ですから。

「輝く白い歯」と「爽やかな息」がモノを言う

笑顔とセットになっているのがこぼれる白い歯です。**アメリカでは良い印象を与えるためには、きれいな歯並びが必須です。**日本で好みの女性のタイプを聞かれて「歯並びのきれいな女性」と答えたらちょっと珍しい感じがしますが、アメリカでは一般的な答えです。それゆえ、アメリカ人は自分の子供たちの歯列矯正にたくさんのお金をかけます。

日本では八重歯がかわいいと言われたりしますが、英

図33 出会った瞬間の小さな笑顔が互いの緊張感を解く

エレヴェイターでの沈黙＋ふつう顔が女子大生を不安に陥れた？

シーーン

ふつう顔 →

Oh, my God!

この場合、最初にこうするだけでよかった。

Hi, how're you doing?

Hi

語文化では「悪魔の歯」です。日本に来たアメリカ人に私は幾度となく**「日本人女性は本当に美しいのに、どうしてこんなにも歯並びがひどいのか？」**と聞かれました（良い回答かはわかりませんが「まだアメリカほどには歯列矯正が一般的ではないのだ」と答えておきましたが）。

　アメリカは「キスの文化」ですから、口臭に対しても厳しい目を向けます。私がアメリカ暮らしを終えて帰国したとき、成田空港でまず感じたのは味噌と醤油と納豆の混じったような麹発酵の空気の香り。そして、すれ違う日本人の口臭のきつさでした。アメリカにいたときは、ほとんど人の口臭を感じたことがなかったのに、日本では、至るところで人々の口臭を感じます。

　アメリカ人は、オーラルケアがしっかりしています。常にガムを噛んでいますし、薄茶色の「Listerine」（リステリン）という洗口液で口をすすぎます。ガムを噛むのは口臭予防が目的だということは、アメリカ人のクラスメイトから教えてもらいました。

　外国人と接する機会のある人は、特に気にかけておきましょう。

話し上手より聞き上手「相づち1／10」の法則

　さらに日本人として心がけておきたいことは、**会話のときに相づちを打ちすぎない**、ということです。

　電話での会話を考えてみましょう。日本語の場合、相手の言葉の切れ目にすかさず「はい」「はい」「はい」と合いの手を入れることが一般的です。ずっと黙っていると、「聞いてるの？」「もしもし、ちゃんと聞こえてる？」などと言われてしまいます。

　英語の電話の会話だと、相手の言葉の合間に入れる相づちは、日本語の場合と比べて1/5から1/10くらいです。さすがに英語でもあまりに相づちを省いていると、相手から"Are you there?""Are you still there?"（ちゃんと聞いてる？）などと聞かれてしまいますが。

　実際の会話でも同様で、日本人と英米人との相づちの回数の差は歴然としています。**英米人からすると、日本人の相づちの入れ方はうざい**ようです。「話を聞くなら雑音を立てないで、もう少し静かにしていてくれないか」という感じですね。

　一般的にアメリカ人は喋りたがりの人が多いので、相づちを入れるくらいなら**相手の話のすき間を狙って、自分の主張を一気に展開しようと意気込む人が多い**です。

聞き手になるよりも話し手に回りたい、ということでしょう。

　日本人には、英米人と肩を並べて喋り倒すだけの英語力を持っている人はほとんどいないので、聞き手としての役割がメインにならざるを得ません。**相手に10喋らせて、自分では1喋れれば十分**くらいの感覚です。

　英語のリスニングとスピーキングの能力は、日本人でも人によって違います。スピーキングのほうが相対的に得意な人と、リスニングのほうが得意な人がいます。**スピーキングのほうが比較的得意だという人は、自分の言いたいことはわかってもらえますが、相手の言うことがわかりません。**リスニングが弱いため相手の言葉が十分には理解できないからです。

　他方、**リスニングのほうが得意な人は、相手の考えや気持ちはよくわかりますが、自分の意見や感情などを十分には相手に伝えられません。**

　どちらがいいかということになると判断がむずかしいですが、状況を的確につかんだうえでカタコトであっても自分の気持ちを一言、二言、言えるほうが居心地が良いし、また実際コミュニケイションも成り立つのではないかと思います。だとすると、**リスニングの能力を高めるのが先決ということになります。**

会話をするのはたいていの場合、相手との心の距離を縮め、交流を深めるのが目的ですから、**相手の言うことをすべてわかる必要はない**のです。そこが、商売上の契約の場面とか、厳密性が要求される学問研究での場面との違いです。

　「相手の話す内容をすべてわかる必要はない」「相手と親しくなれればいいんだ」と考えれば、気持ちもラクになるでしょう。**一語一句聞き逃してはいけないと考えないこと**が大切です。

　あなたが英語で喋っている途中で言葉に詰まってしまったら、どうしたらいいでしょう？　**日本語に突然スウィッチする**のもひとつの手です。相手の英米人が日本語をまるで解さなくても、です。

　日本語にスウィッチしたとたん、あなたの表情が生き返って、流暢に言葉が出てくるのを見て、相手は「ああ、この人の英語がずっとボソボソしていたのは、話題に興味がないとか、思考力が足りないとか、ましてや発声器官に問題があったからではなく、単に英語力が足りなかったからなんだ」とわかります。日本語の響きは美しいと言ってくれる人さえいます。

　日本語の意味はチンプンカンプンでも、**声の調子や表情などnon-verbal communicationが持つ力の援用で、何がしか伝わるところはあるでしょう。**あなたのほ

図34 相づちは控えめにして相手に気持ちよく喋らせよう

日本人は相づちが多すぎる傾向あり。

ウゼェ〜

I see. Right. Uh huh. Wow! Uh huh. Uh huh. Really? Yeah. Uh huh. Uh huh.

しかもちょくちょく視線をそらす

しっかり聞いていることは態度や表情で伝わる。

ペラペラ ペラペラ

Right.
たしかに。

うも、それでひと息入れることもできます。いざというときには、こんな「突然日本語作戦」も試してみる価値があります。

第3章

学校では絶対
教えてくれない!
勉強しない
英語勉強法

スマホ言語設定変更でSiriと英会話レッスン

今どきのスマホは「完璧なアメリカ英語」を理解する

　iPhoneに内蔵されている機能に「Siri」というのがあります。あなたの質問に声と文字の両方で答えてくれる人工知能（Artificial Intelligence=A.I.）です。使ったことがありますか？　本来は手がふさがっているときなどに、口頭の指示で各種操作ができる便利機能ですが、**これが英語の正しい発音を覚えるのに格好のレッスン相手になる**のです。

　まず、あらかじめ言語設定を「英語」にしておく必要があります。「設定」の歯車のアイコンをタップして「一般」を選び、続いて「Siri」をタップします。Siriのスライドボタンが ON になっていることを確認し、**言語を「日本語」から「英語（アメリカ合衆国）」に変更**してください。

　これで準備は完了です。おへそのような「ホウムボタン」を長押しすると「ポロロン♪」というチャイムが鳴り、画面には**「What can I help you with?（どういったご用件でしょうか）」**のメッセージが表示されるはずです。

そうしたら画面下方のマイクロフォンアイコンを押して、英語で質問してください。その声をSiriが自動認識して、**あなたの質問を画面上に英語で書き出すと同時に、答えを音声と文字で出してくれます。**人工知能とはいえ、完ぺきなアメリカ英語です。

　あなたが発した英語の音が、正しい発音（英米人に通じる発音）でないと人工知能は認識してくれません。

　たとえば、
"Who's Superman?"
「スーパーマンって誰？」

　と聞いてみてください。Siriが正しく音認識してくれれば、あなたの英語発音はOKです。しかし、以下のように認識されたら、あなたの発音は全然通じていません。
　Who's super mom / supaman / scup bomb mom / the Supremes……???
　つまり、**あなたが発音したはずの英語が、どのような語に間違って把握されてしまうかが一目瞭然**なのです。

　加えて、**あなたの英語が文法的にも正しい文でないと、発音が合っていても意味は伝わりません。**ここがあなたの英語学習にとっての最大のメリットです。便利な

世の中になりましたね。私が子供のときにこれがあれば、英語の発音がどれほど向上したことでしょうか。

「豆腐はお好き？」人工知能を質問攻め

　さらにSiriに聞いてみましょう。たとえば、Who is Siri?「Siriって誰？」と聞くと、That's me.「それ、私ですよ」と返事が返ってきます。声の調子が元気そうです。

　Do you have a family?「子供はいますか？」と聞くと、I have you. That's enough family for me.「あなたがいるじゃないですか。私にはそれで十分です」と答えます。答えの声にやや悲しみが漂っています。

　Is your father still alive?「お父さんは御存命ですか？」と聞くと、I'm afraid I don't know the answer to that.「残念ながら、その質問に対する答えはわかりません」と答えます。人工知能は一種のロボットですからお父さんはいないのです。

　Siri, are you a bad guy?「Siri、あんたは悪者？」と聞くと、I'm not even real...how can you hate me?「私は実在さえもしていないのに、どうしてあなたは私のことを嫌うのですか？」と答えます。かわいいですね。

Which do you like better, Windows or Mac?「ウィンドウズとマックとではどっちが好きですか？」と、ちょっと答えにくい質問をすると、Personally, I'm an Apple fan.「個人的にはアップル（＝マック）のファンです」と率直な答えが返ってきます。

　Do you like tofu?「お豆腐は好きですか？」と聞くと、Tofu! Perfect with a nice dry Chardonnay, I hear.「お豆腐ですって！甘さを抑えた白ワインとの相性バッチリ———と世間では言われてますよね」と答えます。I hearのところから、声に「人工知能の自分には飲めない」という寂しさがにじみ出ています。

　もちろん、真面目な質問もOKです。How is Nikkei doing today?「今日の日経平均はどう？」と尋ねれば、1万6千いくらなどと、実際の東証平均株価を教えてくれます。

発音レベルを判定できる３つの単語

　純粋に自分の発音レベルをチェックするのにも使えます。たとえば、次の３つの質問を一つずつしてみましょう。

❶ **What is ram?**
（ランダム・アクセス・メモリーって何ですか？）
❷ **What is lamb?**
（子羊の肉って何ですか？）
❸ **What is damn?**
（コンチクショーって何ですか？）

　この3語はどれも発音が似ています。①と②は日本語では共に「ラム」ですがrとlの使い分けができていないと正しく聞き取ってくれません。③は「ダム」で上の2つとは表記も違いますが、唇の口の動かし方が似ているので誤って認識されがちな語です。**Siriが正しく認識してくれたら、あなたの発音はネイティヴ並みに正確**というわけです。しかも、③に対するSiriの答えがまたおもしろいですから、自分で確認してみましょう。

　どうです、Siriっておもしろいでしょう？ ぜひ試してみてください。ちなみにAndroidのスマートフォンをお使いの方には「Skyvi（Siri for Android）」というアプリがありますので、そちらを使ってみてください。

歌う 1時間400円の「ひとりカラオケ」に行こう

🎤 ヒット曲を歌って恐るべき効果をあげる

「発音」「リスニング」「スピーキング」の改善に恐るべき効果があり、1時間300〜500円程度の費用しかかからないという夢のような勉強法があるのですが、あなたも試してみたいですか？ そうですか、ぜひ試してみたい（笑）。それでは、あなただけに教えてあげましょう。

【手順1】YouTubeで、いま全米でヒットしている歌をチェックする

YouTubeの検索欄に「Billboard Top 50 this week」と打ち込むと、**今週の全米ヒット50曲が順を追って5秒くらいずつ、ダイジェストで視聴できます**。または、以下に挙げる今最高に絶好調な歌手の名前をどれでも打ち込んで、歌を聴いてください。Adele、Ariana Grande、Bruno Mars、Charlie Puth、Carly Rae Jepsen、Ed Sheeran、Justin Bieber、Katy Perry、Maroon 5、Meghan Trainor、One Direction、Rihanna、Taylor Swift……etc.

【手順2】練習すれば歌えそうな好みの歌を1曲以上選ぶ

最新ヒットチャートから選ぶほうがのちのち便利なの

ですが、自分の趣味に合わないという人もいるでしょうし、もっとゆったりとした曲を歌う歌手から選んでもいいです（または、もっと古い60〜80年代あたりから取ってきてもいいでしょう）。ゆっくり系のお勧めは以下の通りです。Alicia Keys、Coldplay、Ellie Goulding、Lady Antebellum、Michael Buble、Ne-Yo、P!nk……etc.

【手順3】 選び出した歌を練習する

　YouTubeの検索欄で「曲名」に続いて「lyrics」と打ち込むと、もともとのプロモーショナルビデオではなく、**曲に合わせて歌詞が表示される**別の映像になります。それを見ながら、何度も一緒に歌ってください（ただし、電車の中でやると周囲の乗客から注目されますので、自宅でやることをお勧めします）。

【手順4】 歌詞を覚える

　歌詞は覚えてしまうのが好ましいのですが、たくさんの曲を一気に歌いたい人は、覚えなくても結構です。**1週間も毎晩練習すれば、遅れずに十分歌える**ようになります。

【手順5】 一人でカラオケに出かける

　「カラオケ館」や「ビッグエコー」などどこでもいいですが、機種は最新の洋楽の曲数が多い「Live DAM」が

良いです。平日昼間の時間帯だと東京都内なら1時間で**100円程度＋ワンドリンクで500円でお釣りがくるくらい安い**です。1時間、ひたすら自分の洋楽の持ち歌だけを歌いまくってください。

　そして、もしさらにやりたければ、以下の「手順」へ進みます。

【手順6】スマホのカラオケアプリ「Smule」で歌う

　iPhoneなら「iTunes」、Androidなら「Google Play」で、**「Smule」**というアプリをダウンロウドしてください(無料です)。これはカラオケアプリで、一覧から歌いたい曲をクリックすると、**カラオケ演奏とともに画面に歌詞が出て、それを見ながら歌える**無料サイトです。

　カラオケ画面は2分割されていて、片方はその曲を歌っている本物の歌手の映像、もう片方はあなた！（スマホのカメラで動画自動撮影）になり、まるで歌手本人と合唱しているかのように一緒に歌える機能もあります。

　曲が終わるとあなたの歌声と映像が自動的にアップされ、全世界の人があなたの歌う姿を楽しめる仕掛けになっています！(その機能はオフにすることも可能です)。

楽しむ 海外ドラマ動画配信で「レベル別字幕／音声」を活用

最も効果的な「レベル別字幕／音声」活用法

　音だけのラジオより、動画付きのTVや映画のほうが、英語の意味を了解するのは容易です。特に、**ストーリーに沿って場面が連続的に進行していくドラマは英語学習に欠かせない最大の武器**です。たくさんドラマを見れば、それだけ英語音声の理解は高まります。

　簡単に言っちゃうと、リスニング能力が向上するということです。これを活用しない手はありません。

　初級者の場合、まずストーリー展開を理解しなければなりませんから、「吹き替え版」で最後まで通して見ます。**初めから「字幕版」にすると、ストーリーを理解するのに全エネルギーを使ってしまい、音の方まで気が回りません。**その負担を軽くするために、まずは「吹き替え版」でドラマを楽しむのです。

　次に、同じドラマを「英語音声＋日本語字幕」で見ます。そのときに字幕の文字を集中して見てはいけません。**ストーリーはもうわかっているのですから、音声に注意を向けてください。**

　劇中の登場人物の英語発言の音と意味がよくわからな

かったら、日本語字幕を参照したり、巻き戻してもう一度聞くなどして頑張ります。

　中級者の場合は、初めから字幕版でドラマを見てかまいません。ここ4～5年、全米でいちばん人気のあるTVドラマは「NCIS: Naval Criminal Investigative Service」（NCIS～ネイビー犯罪捜査班）です。海軍とその軍人の身の上に起こる刑事事件を扱う捜査班の活躍を描く大変おもしろいドラマです（開始は2003年～）。

　マーク・ハーモン演じる班長のギブズのカッコよさは、際立っています。その他の登場人物も皆、個性が鮮明です。英語教材としても**日常で使える英語が多用されていて、とてもためになります。**

　2番人気は「The Walking Dead」（ウォーキング・デッド）です。ホラー映画ですから、何度も繰り返して見るのにはあまり向きません。怖い映像が頭に残って、夜寝られなくなったりします。英語学習が原因で不眠症になるのではよくありませんから、**英語学習にはhappy-endingな映画・ドラマを繰り返して見るのが好ましい**と思います。

　レンタルDVDなど、**ドラマによっては日本語字幕のほかに英語字幕が出せるものもあります。**これは耳が不自由な英米人のために英語字幕が画面の下に出る仕組み

で、Closed Caption（C.C.）と呼ばれているものです。上級者を目指す人には大変お勧めです。

月額1000円見放題「動画配信サービス」を使い倒せ

こうした海外ドラマ（洋画）の視聴方法には、以下の3つがあります。

（1）TVのCS放送（衛星放送）で見る。
（2）レンタルDVDで見る。
（3）定額制動画配信サービスで見る。

スマホで見るなら、（3）ということになりますね。現在、定額制動画配信サービスは3社が競合していて、以下のような特長があると世間では言われています。**3社とも月額料金は実質1,000円を少し切るくらいの価格設定**です。さらにアマゾンも、最近この動画配信ストリーミング事業に参入したようです。

Netflix（ネットフリックス）

画質は3社の中では最高。旧作や、コアなファンが好む作品のコンテンツ量も多い。アメリカでは圧倒的なシェアを誇る。料金プランは画質と同時に視

聴できる画面数に違いがある。最も安い「ベーシック」プランで月額650円（税別）、HD画質で見られる「スタンダード」でも月額950円（税別）で見放題。

Hulu（フールー）

アメリカのHome Box Office（HBO：映画ケーブルTV会社）と契約しているので新作の配信にすぐれていて、たとえば、Under the Sun / 24 / Sex and the City / Silicon Valleyなどが見られる。月額933円（税別）で見放題。

U-NEXT（ユー・ネクスト）

電子書籍や雑誌も閲覧でき、動画コンテンツはダウンロウドして持ち出せる。アダルト系作品も充実。ビデオ見放題サービスは月額1990円（税別）。

アダルト作品が充実しちゃっていると英語学習にはプラスとは言えない面もあるとは思いますが、操作性との相性や作品の好みは人それぞれです。3社とも2〜4週間の無料お試し期間を設定していますので、実際にご自分で使って比較してみることをお勧めします。

笑う 大都市のフィリピンパブはコスパ最高の英会話学校

フィリピン人はどうして英語がうまいのか

　最近、アメリカ、イギリス、カナダ、オーストラリア、ニュージーランドなど英語圏へ短期語学留学するよりも、安くて効果が高いということで、**フィリピンのセブ島へ行く英会話留学がブーム**のようです。

　物価が安く、気候も最高で、先生と生徒の比率も、英語圏の英会話学校だと1：20くらいのところ、フィリピンでは1：3くらいで、1人の生徒が授業中に実際に英語を喋る時間が長いので、効果的だという話も聞きます。

　しかし、たいていのサラリーマンやOLは、数週間の休暇を取ってフィリピンに語学留学なんて無理でしょう。**英会話は実際に話さないとうまくなりませんから、英語を喋る機会はぜひとも必要**です。

　日本の英会話スクールは、先生を除けば生徒は日本人だけなので、日本人同士で英語を話す、という不自然な環境に戸惑いを感じる人も多いでしょう。日本人がそばにいると、あなたの自意識がますます刺激されて、どうにもうまくいきません。

　ちょっと、アルコールでも入れば、勇気も出るので

しょうが……そんなあなたにとって**最高の英会話学校が職場の近くにあります。それが「フィリピンパブ」です。**

　フィリピンという国は、一応標準語として「タガログ語」（主にマニラ近郊で昔から話されている言語）がありますが、小学校から大学まで、学校ではすべて英語で授業をしています。したがって**フィリピン人は日本人よりはるかに英語がうまい**です。全国民が英語を話すと言っても誇張ではない国です。

　文化も、**アメリカ文化が支配的**で、それは昔フィリピンがアメリカの植民地だったということもあるのでしょう。宗教がキリスト教（カトリック）だということも関係しているかもしれません。人工妊娠中絶は認められないので、子供が出来れば産むのが当然という感覚ですから、兄弟・姉妹が7人、8人、9人いるというのも珍しくありません。

　フィリピン人女性は、日本や香港、台湾、シンガポールなど近隣の外国に行って働き、家族に送金します。国内では（最近は変化してきましたが）目立った産業がないので、出稼ぎするしかないのです。

　日本に来たフィリピン人女性は、介護の仕事も最近はありますが、たいていはパブで働きます。東京などでは英会話学校で講師として働くフィリピン人も増えてきまし

た。

安全・健全「フィリピンパブの流儀」

大都市のフィリピンパブは、お客さんの横に座って会話したり、飲み物を作ったり、一緒にカラオケを歌ったりで、**日本人女性が働く六本木の「キャバクラ」や銀座の「クラブ」と何ら変わるところはありません。**

お酒を出すので「水商売」ではありますが、性を売り物にする「風俗」ではありません。歴代の東京都知事もまるで勘違いしていますが、**大都市のフィリピンパブは「風俗」とはほど遠い、健全そのものの社交場**です。

フィリピンパブで働く女性も、たまに勘違いしたお客さんが不健全な迫り方をすると、すかさず「おきゃくさん、ここはそういうおみせではありません」と、すでに暗記してある日本文を言ってたしなめます。「そういうお店」という表現だけで意味が通じる日本語は素晴らしいですね。

このフィリピンパブこそが、あなたの英会話力を高める英語道場になるのです。どのように活用するのか、これから説明します。

まず、早い時間に入ると格安の価格設定（遅い時間帯の半額）にしてあるお店が多いので、**残業を早く片付け**

て午後9時前に入店しましょう。**料金は60分で2,000円〜3,000円（飲み放題）くらい**です。気楽に集中するためには、一人で行くのが良いと思います。目的はあくまで英会話の修業であることをお忘れなく。

　女性一人のお客さんはまだ珍しいですが、**たいていのお店では女性客は終日半額のサービスをしています。**勇気を出して、英語でフィリピン人女性と友だちになりましょう。フィリピン人女性も、日本人の女性と友だちになりたいという人がたくさんいます。

　大きなお店（女性が20人以上いるお店）のほうが、あなたに最適な英会話パートナーを選べる可能性が高いでしょう。音楽がうるさいお店だと、会話が聞き取れないので不向き。その点でも早い時間帯のほうが空いていて、店内が静かなので好都合なのです。

　席に通されると、女の子が付きます。そこが最初の勝負のポイント。**英語であいさつをしてください！**

歌が上手な「台湾人のチャンさん」になりきる

　自己紹介をするときには、I'm Chung from Taipei, Taiwan. とでも言いましょう。あなたが女性の場合は、I'm Susie from Hong Kong. とでも言っておきましょう。フィリピン人も英語の名前が大部分ですから、違和感は

図35 英語留学先としても人気のフィリピンってどんな国?

国旗

どこにあるの?

東京から首都マニラまでは約3000km、直行便で約4時間!

正式名称 英語名称	フィリピン共和国 Republic of the philipines
首都	マニラ市
面積	29万9404㎢（日本の約8割）
通貨	ペソ（PHP）1ペソ＝約2円
人口	約1億人
1人あたりGDP	2,858ドル（2015年、IMF調べ）
公用語	フィリピノ語 ≒タガログ語 英語

フィリピンはアメリカ、イギリスに次いで世界で3番目に英語を話す人が多い国です!

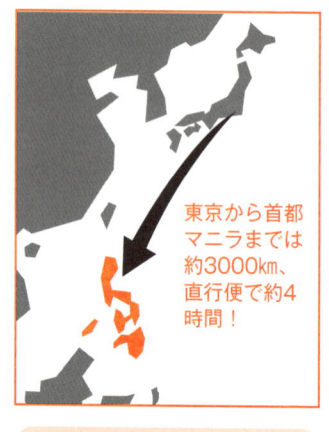

全然ありません。

　女の子の前では決して日本語を使わないのがポイントです（お店の男子従業員＝黒服に対しては、最小限の日本語を使っても大丈夫です）。これであなたは、台湾人になりました。

　あとは、英語でいろいろな会話をトライすればいいのです。たどたどしくてかまいません。台湾人のチャンさんまたはスーズィーさんが、英語を喋っているのですから。

　女の子は15〜20分くらいで別の女の子と交替します。どの子が英語がうまいのかを必ずチェックしておいてください。

　集中して英語を喋ると、1時間でも初めはクタクタになります。そうしたら、退散。**英語で喋った内容は覚えておかないと、次に来たときに話が矛盾することになる**ので注意してください。

　支払いはおよそ2,000〜3,000円。ふつうの英会話学校の1回分（40〜45分）よりも安いでしょう。しかも飲み放題で、1対1での英会話です。

　ぼったくりのお店は、フィリピンパブではほとんど見かけたことがありませんから安心してください。女の子がドリンクをせがむ店はありますが、そういう店は良くない店です。避けたほうがいいでしょう。

せがんできたら、I'm sorry, but I can't. I don't have enough money today. とか言いましょう。英語でなら、はっきりと断れるはずです。

2〜3回通って慣れてきたら、ついに日ごろの努力の成果を発揮するときです。そう、**フィリピンパブのステージに立って、「ひとりカラオケ」でひそかに練習を積んできた英語の歌を、堂々と歌うのです！**

日本に来たフィリピン人女性は、日本人のお客が演歌とかJ-Popばかり歌うので、母国で毎日聞いていたアメリカのヒット曲を聞きたいし、歌いたい。最新のヒット曲を覚えるといいのはそのためです。

フィリピン人は音感・リズム感がすぐれていて、音痴の人はほとんどいません。皆、歌が上手です。歌の傾向に関しては、フィリピンは完全にアメリカと変わりませんね。

あなたがアメリカで今ヒットしている歌をうまい英語で歌えば、「さすがチャンさん（スーズィーさん）、やっぱ違う！」ということになり、人気急上昇間違いなしです。

図36 フィリピンパブで楽しみながら英会話がみるみる上達する方法

1 感じのよいフィリピンパブを見つけましょう。

午後9時前の入店がおすすめです。

2 英語であいさつと自己紹介をします。

Nice to meet you.
I'm Chung.

台湾人のチャンさんになりきります。

3 英会話を楽しみましょう。
※日本語厳禁

ただし、飲みすぎには注意。

4 カラオケで英語の歌を披露しましょう。

人気者になること間違いなしです。

5 1時間ほど楽しんだら退散しましょう。

ボッタクリはないので安心です。

> これで2,000〜3,000円ですから、コスパは最高でしょう！

寝る
眠りかけの「1.5時間」が学習のプライムタイム

ゴリラの声を聞き続けても「ゴリラ語」はわからない

　日本にいる日本人が英語の**話し言葉に上達するためには、聞く英語の絶対量を増やさなければなりません。**

　海外（英語圏）に出張・留学すれば、本人が望まなくても24時間英語の音に囲まれる生活になるでしょうが、日本にいるなら「人工的な努力」をしなければなりません。さもなくば、いっさい英語の音を聞かないまま、簡単に毎日が過ぎていくでしょう。

　四六時中、英語音に囲まれる人工的な理想環境！　でも、英語の音に24時間囲まれれば、自然に英語が上達するなどとは私は言っていません。

　「英語の音をシャワーのように毎日浴び続ければ、ある日、英語ははっきりくっきりわかるようになり、口からどんどん自然に英語が飛び出してくる！」なんて思った人は、顔を洗って出直してきてください。

　断言します！　そんな夢みたいなことは、決して起こりません。

　私の前著「英語リスニング9つのルール」（DHC刊）

のまえがきで、こんなことを述べました。あまりに名言なので（笑）ここに再び引用します。

> 　街にはいろいろな英語学習の広告が満ち溢れています。その中には、英語の音をただ聞き流してさえいれば、リスニング力が知らないうちに付いて、英語が理解できるようになる、と言っているものも多くあります。「英語のシャワー」などといって、有名なスポーツ選手が宣伝していたりすると、なるほどそうか、とつい納得しちゃったりするかもしれませんね。
> 　でも立ち止まってちょっと考えてみてください。あなたが、ジャングルに行って、野生のゴリラの鳴き声を全部録音してきたとします。さああなたは、新聞を読んでいる時、調理している時、洗濯している時、部屋を掃除している時にそれをかけっぱなしにします。そしたら、だんだんゴリラ語？がわかるようになってきました──そんなことがあり得ますか？

　テレビ番組に出てくるタレント外国人の中には、日本人と遜色のないレベルで日本語がペラペラな人たちもいます。ケント・ギルバート氏や、パックン（パトリック・ハーラン氏）や、デイビッド・セイン氏の日本語達者ぶりは皆さんもご存じでしょう。
　一方で、何年も日本に暮らしていながら、日本語がほ

とんど喋れない人もいます。日本に住んで、毎日24時間、日本語の音にさらされているはずなのに、日本語がペラペラになる人と、そうでない人がいるのはなぜでしょう？

実は、**外国語をペラペラに喋れるようになるには、いくつかの条件がある**のです。

第1の条件は**「外国語の正しい音に囲まれていること」**です。日本にいれば周りは日本語のネイティヴである日本人ばかりなのだから、日本にいる外国人は全員条件を満たしている＝ペラペラになるはずじゃないか、と思うでしょう？　でも、そうではないのです。

それは、**ハワイに語学留学した日本人の全員が、英語がペラペラになって帰国するわけでない**のと同じです。ハワイでは日本語の通じる店がたくさんあります。英会話学校に入ってもクラスメイトが日本人ばかりだと、英語漬けはおろか、日本語だけでも生活できてしまいます。

日本にいる外国人にも、同じことが言えます。最近はアルバイト先にも各国語のマニュアルが備えてあったり、道に迷ってもスマホの地図アプリがあれば日本語で尋ねることなく目的地にたどりつけます。そのうえ同胞の仲間とばかりつるんでいるようでは、その外国人は何年日本に暮らしていても日本語がペラペラにはなりません。

第2の条件は**「日常の中で外国語を喋る機会がたくさんあること」**です。言語は、実践を積まない限り喋れるようにはなりません。自動車学校の教室で「運転の仕方」の説明を百万遍聞いたところで、路上教習をしなければ運転できるようにならないでしょう。**受動的な情報吸収だけでは能動的な動作をできるようにはならない**、ということですね。

　第3の条件は、**「外国語の音が"意味を伴って"脳にやって来ること」**です。単なる音だけでは、それは道路を走る車の騒音と何ら変わるところはありません。ゴリラの叫び声と変わるところはありません。**聞きなれない音の連鎖（つまり外国語の音のことです）が、「ある意味を伝えようとしている」ということがわからなければなりません。**

　ところで「外国語の音が"意味を伴って"脳にやって来ること」がペラペラになる条件というのは、外国語を習得する秘訣としては矛盾に聞こえるでしょうか。そもそも意味のわからない外国語の言葉が、どうやって"意味を伴って"脳にやって来るのかとお思いかもしれません。

　しかし、これは矛盾ではありません。**意味は、語句自体が持つ意味からだけでなく、喋っている状況からも**

やって来ますし、**喋る人の声の調子・息遣い・身振り・手振り・まなざし・体の動作など、non-verbal（ナン・ヴァーバル）な領域からもやって来るのです。**言語学者によれば、その比率はコミュニケイション全体の60〜93％を占めるとも言われています。

　幼児が母国語を習得するメカニズムもそうです。他人（主に母親）から繰り返し繰り返し、話しかけられることによって、幼児は意味を把握しようとその小さな頭脳をフル稼働させるからに違いありません。

　大人が、知らない語の意味を了解するのは、話の文脈から判断することも多いでしょう。もし、相手の会話の中に知らない表現が出てきたときには、その場で相手に直接問い直すこともできますが、聞いているうちに「ああ、あのことを言っているんだな」と自然に了解することも多くあります。

　つまり、**知らない音の連鎖（＝外国語の話し言葉での語句）が聞こえたときに、その意味を理解する手はいくつもある**ということです。

英語ラジオ放送を聴きながら眠りにつく

さあ、やっとここからAmerican Forces Network（AFN）

図37 ただ聴き続けるだけで英語が喋れるようになるなんて嘘

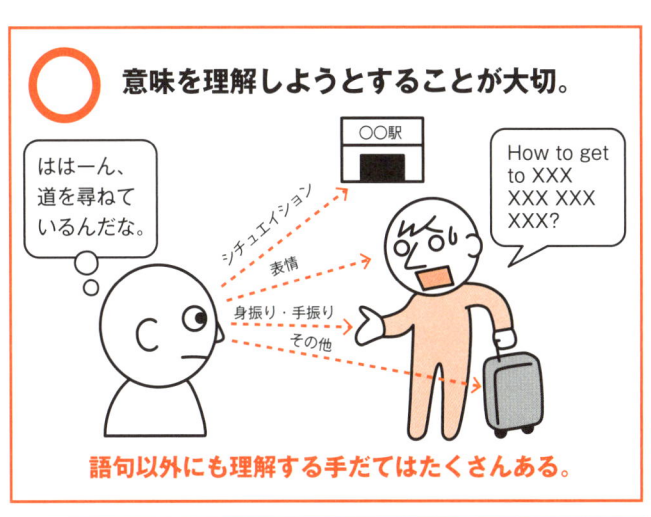

○ 意味を理解しようとすることが大切。

- ははーん、道を尋ねているんだな。
- ○○駅
- How to get to XXX XXX XXX XXX?
- シチュエイション
- 表情
- 身振り・手振り
- その他

語句以外にも理解する手だてはたくさんある。

✕ 英語のシャワーを漠然と浴び続けても効果はない。

- Ahahahahaha
- English English English
- English English English English

聴き流すだけでは文字通り流れ去ってしまう。

の話に入りますが、関東地方では**AMの810にラジオのチャンネルを合わせるとEagle810（American Forces Radio）が聞けます。**Eagleというのは、このラジオ局の愛称です。

　そう、これは**「在日米軍放送」**のこと。聴取はもちろん無料。これをあなたの英語力増強に活用するのです。では、その手順をお話ししましょう。

　まず、この放送と馴染みになる必要があります。**休日はずっとかけっぱなしにしましょう。**かけっぱなしにしてもあなたの英語力が高まるわけではありませんが、AFNの放送がどのような構成になっているのかを耳で理解することができます。

　定時には5分間のニュースが流れ、そのあと5分間くらいスポーツニュース（と言ってもアメリカの大リーグやアメフトやプロバスケですが）が続きます。そのあとは、全米で今ヒットしている曲が情け容赦なく流れ、合間にいろいろな在日米軍基地関連の情報（横田基地では来週からフェスティヴァルがあるとか、週末富士登山に行きたい人はどこどこに連絡をとか、運転中はスマホを使うなとか、座席ベルトはしっかり着用とか、基地内でペットを飼うときには必ず登録をとか、ありとあらゆる連絡事項）が入ります。

ワンポイント日本語会話みたいなものを除けば、日本語はありません。国内の英会話学校のような意図的にゆっくり喋る英語も出てきませんから、**100％生のアメリカ英語の流れを聞くことができます。**

　a petty officer「下士官」とか、a staff sergeant「2等軍曹」とか、airman「空士」とか。outside the gate「基地の外で」とかいう表現がたくさん出てくるのは米軍放送だから仕方ありません。**横田基地の「横田」はヤコウラという発音で、佐世保基地の「佐世保」はサースボウです。**英語の音の変化ルールに忠実ですね。

　一通りAFNに馴染んだら、**夜寝るときにセルフタイマーを仕込んで就寝時から1〜1.5時間の間、AFNが流れておくようにします。**タイマーがない人は夜通し、ずっとラジオを付けておくという荒技もあります。

　注意するのは音量です。大きすぎると寝られませんし、小さすぎでも聞こえません。聞こえるか聞こえないかくらいのギリギリのところ、「耳を澄ませば聞こえる」くらいが適正音量です。

　こうしておくと不思議なことに、**体が休んでいる最中にも、あなたの脳はAFNの英語を理解しようとして自動追尾する**のです。夢か現実かわからない桃源郷で、あなたの精神は自由に遊ぶのです。

　たぶんノンレム睡眠のとき（そのとき体は休んでいま

すが、脳は活発に活動していると言われています）に、あなたの脳は取り込んだ情報を再編成しているのでしょう。睡眠中に聞こえてくる英語の音も、何とか理解しようと脳が再構成しているようです。

朝起きたときには、あなたの意識の中には何も残っていないかもしれません。でも、**あなたの脳内に何かの変化が生じている可能性**はあります。

音の分類が再構成されて、英語の音対応になりつつあるのかもしれません。寝ている間に聞いた英語の語句がそのまま脳に残って、ひょんなところでそれが口から出てくるかもしれません。

何が起こっているかははっきりとしなくても、一つだけ確実に言えることがあります。**英語の正しいリズムとイントネイションが身に付く**、ということです。それだけでも試してみる価値はあるのではないでしょうか？

スマホで聴けるネットラジオ「TuneIn」もおすすめ

スマホで聴ける「TuneIn」（チューニン）とは、インターネット回線を通じて全世界のローカルラジオ放送を無料で聴けるネットサイトで、パソコンやスマホで利用できます。

たとえば、アメリカの南部ルイジアナ州のローカル放送を聴きたければ、数十の放送局の中から選ぶことができます。同州最大の都市「New Orleans」（ニューオーリンズ）で絞り込んでも、7〜8局のチャンネルを選ぶことができます。ジャズに特化した放送局があるかと思えばゴスペル中心の放送局があり、ニュースをずっと流し続ける放送局もありと、多種多様です。

　今度は中西部のコロラド州に飛んでみましょう。この世のものとは思えないくらい青空がきれいな、空気の澄んだ州です。州都はデンヴァーです。そこからお好みの放送局を選びます。先ほどのニューオーリンズとは英語がちょっと違いますね。同じ米国でも地域によって、話される発音が違います。

　あちこちの放送を聴いていると、なんだか全米旅行をしているようなわくわくした気分になってきます。楽しい！　実際に旅したり、住んだことのある地域のラジオ放送が聴ければ、懐かしさも100倍でしょう。

COLUMN 1コマ5分、安武内ひろし謹製の無料レッスン

　先に「日本語は英語に比べて音の数（音素の総数）が少ないので不利」だと言いましたが、英語をマスターするにはどうしても**「英語には存在するけど日本語には存在しない音」**をきちんと習得しなければなりません。

　「学びエイド」という無料ウエッブサイトのことは前にちょっと触れました（第2章「3日目」69ページ参照）。登録すれば、安武内ひろし（＝私です）の『初心者のためのリスニング』（現在20コマ分。あと30コマ近日中に増量予定）が無料で視聴できます。
　1コマは約5分ですから、通勤・通学電車の中でも見れちゃいます。どういうふうにすればネイティヴが発音するように発音でき、聞き分けられるかを詳しく説明してあります。

　さらに、同サイトには英語の簡単な文さえも思いつかない人のために、安武内ひろしの『やりなおしの英作文』（現在10コマ分。あと40コマ近日中に増量予定）というのもあります。これも無料で視聴すれば、あなたの英語力は向上間違いなし。1コマは約5分です。

　外国語の学習は、遠い道のりです。**今日よりも上達した明日の自分を夢見て、少しずつでも前に進んでいく、決してあきらめないで食い下がって頑張る**———私はそんなあなたの味方になりたいと思っています。

　頑張ってくださいね！

あとがき

　英語を聞きとる技術・心構えと、英語を話せるようになる技術・心構えについて、多角的にいろいろ考察し、助言を書き連ねてきましたが、それが読者の皆さんの英会話力向上に役立つとしたら、著者としてこんなに嬉しいことはありません。

　英会話はそもそも「勉強」ではありません。どちらかというと「遊び」に近い領域です。「趣味」と言ってもいいかも知れません。好きだから続ける、のスタンスです。そこが、社内での地位に影響するTOEICの受験勉強などとは根本的にちがうところです。

　ということは、英会話の中にあなたが楽しみを感じる要素がなければなりません。外国人の友人を作って一緒に遊ぶのもいいでしょう。洋楽をひとりカラオケで歌いまくるのもいいでしょう。フィリピンパブで、お姉さんと英語で仲良くなるのもいいでしょう。

　英語が喋れるようになるというのは、日本語を忘れるというのと同義語です。日本語を忘れ、この世の憂さも忘れ、be動詞を捨て、恥も捨てて、英語を大胆に、口角泡を飛ばして喋ってもらいたいと思います。

安武内ひろし

安武内ひろし　Hiroshi Abunai

米国フロリダ州最南部の犯罪的国際都市マイアミの、全米アメフトの強豪校であり脳医学の最先端でもあるマイアミ大学 (University of Miami) 大学院で TESOL（外国語としての英語教授法）専攻。全優 (straight A's) で大学院修士修了後、フロリダ電力株式会社 (Florida Power & Light) に就職。翻訳部員として QC 活動（品質向上活動）の最高賞であるデミング賞 (Deming Award) 受賞に貢献。同社退社後、ニューヨーク州北部の名門私立コーネル大学 (Cornell University) 大学院の夏期 3 か月集中講座で「外国語としての日本語教授法 (Jordan Method)」を学び、その後 4 年間、ペンシルベニア州フィラデルフィア (Philadelphia) 近郊の私立アーサイナス大学 (Ursinus College) で、専任講師として 4 学年に日本語を教える一方、ビリー・ジョエルの名曲「アレンタウン」で有名な、ペンシルベニア州アレンタウンの AT&T Bell 研究所 (Allentown, PA) で 4 年間にわたり毎週、技術者や重役に「ビジネス日本語」を教える。日本に帰国後は、大手予備校、大学、高校で英語を教え、日本の英語教育の Listening, Writing, Speaking の 3 分野での先駆者と目されている。

著書は、『Be 動詞を忘れれば英語は話せる』（プレイス）、『日本語発想を捨てれば英語は話せる』（研究社）、『入門からの速効音トレ英語リスニング』（研究社）、『センター音法英語リスニング』（水王舎）、『英語リスニング 9 つのルール』(DHC)、訳書に『ここがおかしい日本人の英文法』(T. D. Minton; 研究社) など多数。

図解　7日間で突然、英語ペラペラになる本

2016 年 8 月 31 日　第 1 刷発行

著　者	安武内ひろし
発行者	長坂嘉昭
発行所	株式会社プレジデント社 〒102-8641 東京都千代田区平河町2-16-1 平河町森タワー13F http://president.jp
装丁・本文デザイン	ISSHIKI
本文イラスト	大塚たかみつ
編集協力	渡辺一朗
校正	株式会社聚珍社
編集	本西勝則
制作	小池哉・田原英明
印刷・製本	萩原印刷株式会社

©2016 Hiroshi Abunai
ISBN978-4-8334-5101-7
Printed in Japan
落丁・乱丁本はおとりかえいたします。